贵州警察学院学术著作出版基金资助项目

U0605756

何以结网

——网络社会中的动员景观

于 军 著

图书在版编目（CIP）数据

何以结网：网络社会中的动员景观 / 于军著 .

沈阳：东北大学出版社，2024.8. -- ISBN 978-7-5517-

3569-8

Ⅰ . D64

中国国家版本馆 CIP 数据核字第 2024QL8318 号

————————————————————————————

出 版 者：东北大学出版社

地址：沈阳市和平区文化路三号巷 11 号

邮编：110819

电话：024-83683655（总编室）

024-83687331（营销部）

网址：http://press.neu.edu.cn

印 刷 者：抚顺光辉彩色广告印刷有限公司

发 行 者：东北大学出版社

幅面尺寸：170 mm×240 mm

印 张：11.75

字 数：169 千字

出版时间：2024 年 8 月第 1 版

印刷时间：2024 年 8 月第 1 次印刷

责任编辑：刘 莹

责任校对：孙德海

封面设计：潘正一

责任出版：初 茗

————————————————————————————

ISBN 978-7-5517-3569-8   定 价：60.00 元

≡≪ 前 言 ≫≡

互联网始于具有军方背景和冷战思维的美国阿帕网，但其演进与崛起却受益于和平与发展的时代主题和去中心化的网络协议。在以全人类为普及对象的第三次浪潮中，互联网凭借对过往媒介形态予以总结和聚合而产生的信息化的结构及效能，贯穿人类活动的所有场域，为社会文明的繁荣提供崭新的技术手段和多元的发展契机。伴随科学技术的迅猛发展，人类社会已经进入一个全新的网络化时代，由尼葛洛庞帝阐述的"数字化生存"的预想早已成为现实，甚至已经成为不可或缺的必要生活规范。通过科学素养的积累和信息科技的创新，人类社会已然凭借自身的努力踏上了面向信息化未来的伟大征程。以现有的需要和潜藏的诉求为利益轴心，形形色色的互联网应用层出不穷、你追我赶。面对信息科技的跃迁和人类生存需求的时新，互联网以瞬息万变的更新节奏和匠心独运的创新方式进入人们的广阔生活。从万维网到虚拟现实，从物联网到大数据，从比特币到区块链，从主动搜索到智能推荐，从 PC 互联网到移动互联网，从智能计算到人工智能，从特定时空的网络使用到手机在手囊括所有……面对汹涌而至的互联网景观，网民既明显感觉到应接不暇，也体会到时间和精力的有限。在高度联通的网络世界中，互联网技术为人类创造了许许多多全新的生活方式、交际方式、工作方式和娱乐方式。互联网技术不仅从根本上改变了我们的交流方式和交流对象的方方面面，而且改变了我们生活中的其他方面，诸如恋爱交友、盈利赚钱、娱乐休闲、学习充电、购物消费、阅读观影……互联网技术正日新月异地飞速发展和更替，互联网技术的浪潮所向披靡、无可阻拦。正如 Intel 前总裁葛鲁夫预见的，"在当今世界上，一切能做到的，终将做成。技术的力量不可阻拦，无论人们在它的前进道路上设置何种障碍，它仍然会继续发展。一切信息均能以数字形式传递，一切信息均能以数字形式储存。我们现在正朝着正确的方向前进。数字化信息必将永存。"

时至今日，互联网已经具有使全天下之人和全天下之物发生彼此互联关系的科技效应。凭借不同以往的互动性、全球化、廉价、快速、联网便捷、具备知识储备性能等科技优势的特色，互联网在促进网民参与社会活动和群体集结等方面发挥着日益明显的作用。基于手机、计算机和互联网三方面新信息技术的发展而日渐成熟，互联网社会动员开始触及社会生活的多个层面，表征着新的社交媒体生态的完善。在实际运用中，互联网社会动员不仅作用于人们的社会实践活动，而且潜入使用者复杂的心理结构。互联网社会动员预示着社会文化体系的渐变和社会基本结构的转型。在当下互联网飞入寻常百姓家、智能手机全面普及、无线网络技术处处可寻、人工智能多点开花的信息化社会中，以互联网为工具和场所的动员频率逐渐提高，动员间隔逐渐缩短，动员效果逐渐显著，动员影响逐渐深远，动员场景逐渐复杂，动员渠道逐渐多元，动员心理逐渐失控，动员规模逐渐蔓延，动员策略逐渐优化，动员群体逐渐泛化。因此，我们需要重视互联网社会动员对于政治、社会、文化、经济等国家重要构成部分的影响和作用，了解其规律，发挥其长处，规避其问题，优化其发展，完善其机制，使互联网技术及其与人类共同影响下的互联网社会动员体现出人类"积极向善"的本质和存在方式。

著 者
2024 年 5 月 20 日

目 录

第一章 关于"动员"
——一个单词的跨文化"联网"与演变路径

从词语组成形式上看,"动员"无非是一个简单的单词。虽曰简单,"动员"一词却基于其词语本身内涵的张力,与历史学、社会学、管理学、组织学、语言学、社会心理学、政治经济学以及新闻传播学等诸多学科紧密联系在一起,从而构成了一个综合性、交融型的知识体系。与其他学说相仿,动员亦拥有一套基本的范畴。在以深刻认识并把握媒介动员活动本质规律为宗旨的学术研究过程中,需要厘清"动员"这个词语的基本范畴。马克思主义哲学主张"范畴是概括和反映客观事物的普遍的本质联系的思维形式"[1]。作为客观物质世界与人类精神世界共力的融合,范畴产生于现实社会的实践活动,并随同实践活动的深化而完善,进而推动实践活动向前发展,在一定程度上承担着改造世界的功能。

"动员"一词是动员理论形态中最基础性的范畴,对于其出身来历,目前国内学界几乎达成共识:其史见于军事术语实践,最初用于描述政权或国家诉诸强力发动集结武装力量,筹备战争物资的军事组织方式。通过动员,军队可由平时编制转为战时编制,实现国防恫吓或发动战争等战略目标。关于"动员"的词源,学界虽有论及,但对其深入考证的文献相当稀少,与动员相关的学术论文在触及其由来时,往往只言片语、一笔带过。唐朝宰相陆象先认为,"第澄其源,何忧不简邪?"理顺源头,便于深入思考。辨析"动员"的源头,不仅对于动员概念的探寻——人类认识动员实践活动的一面——颇为有益,而且对于动员理论的发展——人类改造动员实践活动的一面——亦有意义。

一、从拉丁语 mobilis 到德语 mobilmachung

"词源学研究具体词(或词根)的最早的来源。"[2] 对于"动员"词源的追溯,各国皆有学者参与,聚讼纷纭。其中一部分主张德国来源说,如美国学者 Frank N. Schubert 认为,该词最早出现于 19 世纪 50 年代,起初作为军事术语被用于描述普法军事战争背景下普鲁士军队的准备、集结和展开工作[3]。中国军事理论家蒋方震亦持此论。其在《新兵制与新兵法》一书中论述道:"动员二字的根源是从德国来的,原名 mobilmachung。有两个意义:可以译为'做具',又可以译为'做动',意译起来就是'装备起来''做到能动'。动员两个字见于中国文字上是在日俄战争之后。原来这个字是日本人儿玉源太郎定的。"[4] 自蒋氏而降,我国学者在对于"动员"词源的判断上,多援引如上结论。如苏志荣认同日俄战争后,日本人儿玉源太郎将其翻译为动员,中国学者遂予借鉴,用于战争和军事方面[5]。张杰亦主张"动员"一词原为德文,名为 mobilmachung[6]。

德语数字词典中 mobilmachung 词条的词源信息显示其演变轨迹为:从 14 世纪开始,拉丁语中的 mobilis 被法语采用,以 mobile 的字形取代了法语中相对较老的形容词 meuble。18 世纪中叶,mobile 又以法语口语中 mobil 的形式传到德国。德语 mobil 首先被用在军事领域,意为"可移动的""准备行军的"。1800 年左右,德国出现常见的动词搭配 mobilmachen,意为动员部队准备战争,使国家适应战争的需要。同时在军队语言中也出现了名词形式——mobilmachung,意为一国对战争状态的调整适应。1814年,动词 mobilisieren 和名词 mobilisierung 开始被使用[7]。

从 18 世纪下半叶起,法语单词 mobiliser 被用于法律术语,意为将不动产转化为动产。其直到 1834 年才含有德语 mobilmachen 的军事含义。法语名词 mobilisation 也实现与德语名词 mobilmachung 的对译。1853 年，英文借用法语 mobiliser 一词演化为 to mobilize 与 mobilization。在英文环境中，mobilize 亦被用于军事范畴，意为"招募部队"[7]。如 1878 年 10 月 21 日，在华出版的英文报纸《字林西报》中即出现了 mobilization。其内容为：A cry is being raised in Italy for Trieste and Istria, and there is a rumour of the mobilisation of the Italian army.[8]（中文译为：意大利正在为的里雅斯特和伊斯特拉半岛集结，有传言称意大利军队将动员。）

二、从德语 mobilmachung 到日语動員

在德国词源说之外，亦有学者主张日本词源说，认为："日本近代学者在译介西学术语时，如果找不到适当的中国古典词借用，便自创汉字新词，例如……动员。"[9] 目前国内学界对于"动员"这个"汉字新词"由日本输入中国的文化传播景观几乎达成共识。即"动员"一词的使用并不见于中国古籍和文化，它实为日源外来词。"外来词是指本民族语言从外国或其他民族语言里吸收过来的词"[10]1，日源外来词即汉语系统从日语系统中吸取过来的借形词汇。报刊资料显示，蒋方震所言之德语 mobilmachung 一词于日德文化间交流的背景可以追溯到 19 世纪 70 年代。其时日本明治政府派出岩仓使团参观考察欧美各国后，尤其尊崇德国。在深入学习德国政治制度和军事体制之后，日本开始颁布义务兵役制度，创设近代化常备军队。1887—1892 年，福岛安正任职日本驻德国武官期间，获得军事动员和要塞图集等相关资料。经过多次讨论，日本人将德国军事用语 mobilmachung 直译为"出師計劃"，随后又改为"出師準備"。但因译词过长，影响军队的整备效率，日本时任陆军少将儿玉源太郎便将其定名为"動員"。中国留日学生从儿玉源太郎参谋主任加藤侊夫处获得《動員業務令》《動員勤務令》，"动员"一词遂得以传入中国[11]。关于日语动员与德语 Mobilmachung 的对译关系，1899 年出版的《独和兵语辞书》可

以提供相关佐证：

Mobilisierung, f. 動員

Mobilmachung, f. s. Mobilisierung.[12]

毋庸置疑，日语中"動"与"員"二字皆源于中国，属于中国古文字系统。如果日本词源说妥切，那么至少可以这么理解：日本人基于德语单词 mobilmachung 的意义，将其置于支撑日本书字的汉语环境，根据汉语固有的词素和固有构词法，加工创造出"動員"这一日制汉字词，将其释义为"军队和国家为了战争把编制和管理方法转换成战时体制"[13]。如此依据词源分类，中国所用的"动员"一词属于日语原语借词类别中的"和制汉字词"。和制汉字词"即近代以后日本人在翻译西方语言时，按照汉语或日语汉字词的造词法创造的意译词、音译词或新词"[10]31。

关于日文单词"動員"流至中国的时间，目前学者多采用蒋方震的论断。如《"动员"词源新考》中所言："日俄战争之后，中国人掀起了一场学习东洋的热潮。日文'動員'这一概念也随之进入中国。"[14]日俄战争的交战空间在中国的辽东半岛及朝鲜半岛一带海域，其从 1904 年 2 月 8 日开始，直到翌年 9 月 5 日《朴次茅斯和约》签订方为结束[15]。如按照"动员"一词在日俄战争后流入中国的既有学界认识，可知"動員"一词流入中国的时间应晚于日俄战争。日本军队击败实力强劲的俄国军队，赢取战争的最终胜利。在这场践踏中国领土主权的战争中，非欧洲民族的日本战胜了俄国，历史学家斯塔夫里阿诺斯满是感慨[16]。

日俄战争正值 20 世纪初期，中国思想界关于国家实行何种制度的论战如火如荼，各派分以帝国主义列强的现实发展为论辩论据。倡导施行君主立宪改革的立宪派所热衷的日本，西化改革渐显成效；而号召保持既有皇权专制的保守派所引例的沙俄，反败于日本。支撑两派理论的价值支点因日俄战争之胜负而出现失衡。中国学习日本的热潮开始涌起，日语"動員"随之流入中国，从此被中国社会各领域广泛使用。这段清廷以日为师的政治历程可能是蒋方震"日俄战争后"论说的逻辑推论根源。

然而，根据调查，1903 年 5 月 26 日由天津《大公报》刊载的《译件》中就已出现"动员"的踪迹。《译件》中具体文字为："接俄京圣彼得堡发某处电：俄政府与奥政府为共同运动，其第十五师团已于窝跌疵地方，由日前施行动员令云。"[17] 此时，动员亦在《晚清新编陆军战法兵语字汇》（1904）、《军语》（1906）等兵书中以词条的形式出现，在前者中释义为"凡在平时移于战时之时，预备战争之人、马、材料，皆谓动员"[18]，在后者中释义为"按平时之预备规画聚齐人马器械备调赴战之总称也"[19]，皆继承了日语情景中的军事色彩。由此可见，中国报业最迟在1903 年便已使用中文"动员"一词，时间早于蒋方震之"日俄战争说"的开始时间。至于更为确切的时间节点，目前缺少相关佐证材料。

三、汉籍中的"动员"踪迹

在清代日学兴盛之前，国内是否有过对于"动员"一词的使用？通过对中华经典古籍库、古籍整理发布平台等多家数据库、语料库进行查询辨析，发现我国最迟在明代典籍《明政统宗》中就已经出现"动员"一词。在汉籍的历史传播活动中，《明政统宗》命运多舛，全书被毁于清代《四库全书》修书过程中。由于封建王朝的统治需要，清帝乾隆敕令编修《四库全书》之时，更发起了一场声势浩大的禁书运动。清廷官方禁书谕令从乾隆三十九年（1774）正式颁布，一直持续到乾隆五十九年（1794）为止，历时 20 年之久。其中禁毁文献、典籍、相关资料高达 3100 余种。依据禁书之来源，清廷内阁曾经设置三处查办机构。其中军机处专门办理各省都督、巡抚等重吏进呈的各类违禁书籍[20]。乾隆四十七年（1782）十二月初十，军机大臣福隆安奏请"全毁、抽毁各本，实在共七百八十九种，应请摘开书目……汇刊成册，通行各该省……交与武英殿刊刻颁发"[21]。在军机处奏准全毁书目中，《明政统宗》赫然在列[22]。因其惨遭禁毁，从而后世难寻。历史学家朱家溍在主编故宫善本书目时，发现为世不经见的《明政统宗》仅存之本，据此甄别叙述该书的发行版本、行列款式、序文跋文及作者爵里等基本信息。

　　《明政统宗》叙事脉络由明太祖至明穆宗，计有 200 余年。该书作者涂山，后世仅知其系江西南昌人[23]，其余不详。经影印文献比对，"动员"一词见于《明政统宗》卷二十六《江浙御史董威请宽海禁》一文，见图 1-1 所示。董威为明嘉靖二十年（1541）辛丑科同进士出身。其曾经担任魏县知县、浙江道御史、两浙巡盐史等职[24]。董威奏请宽解沿海厉禁于史有载，时为明嘉靖三十年（1551）夏四月。"浙江巡按御史董威、宿应参前后请宽海禁，下兵部尚书赵锦复议，从之。"[25]据此而知，《江浙御史董威请宽海禁》的主要内容是涂山记载董威在嘉靖三十年奏请宽海禁的政治主张。文中有云："自是番货至辄为奸商所笼赊取转鬻动员数千万金不之偿。"[26]史 3-8 "番货"指外国货物，"笼"为控制垄断，"赊取"即延期付款，"转鬻"是另投别主，"偿"表示归还。

图 1-1 《明政统宗》中的"动员"踪迹

明朝自建都南京开始，始终面临着北方游牧民族和日本海盗的严峻边防态势。对于中国南部防线，明廷除加强沿海卫所防御实力外，又颁布治理海疆的海禁政策。《大明律》卷第十五《私出外境及违禁下海》对海禁设定严格条款，规定："凡将马牛、军需、铁货、铜钱、缎匹、绸绢、丝棉，出外境货卖，及下海者杖一百……若将人口军器出境及下海者，绞。"[27] 从此形成"片板不许下海……寸货不许入番"[28] 的海域管控局面。海禁与倭变是明廷重要议题，正史多有论述，如《明太祖实录》第四十九卷、《明史》第二百五十卷《朱纨传》。除此，时人亦有论及，如《嘉靖东南平倭通录》《倭变事略》《虔台倭纂》。在历史地理专著《广志绎》之《江南诸省》一文中，明万历朝鸿胪寺卿王士性曾就明廷海禁政策及董威请宽海禁之前因做出论述，其内容与《明政统宗》之《江浙御史董威请宽海禁》一文具有较高的相似度，且时间早于《明政统宗》，试将二者进行比对，见表1-1。

表1-1 《江南诸省》与《江浙御史董威请宽海禁》文段对比

书籍及篇目	作者	成书年	叙事内容
《广志绎》之《江南诸省》	王士性	万历二十五年（1597）	市舶司，国初置于太仓，以近京，后移福、浙，虽绝日本而市舶不废，海上利之。后夏公言当国，因宋素卿、宗设仇杀，遂罢市舶。自后番货为奸商所笼，负至数十万，番乃主贵官以畜商，而贵官取负更甚，番人失利，乃为寇。贵官则让有司不御寇，及出师，又设计以恫喝番人，于是番怒，日焚掠。一二不逞先儒导翼之，而汪五峰、毛海峰等遂以华人居近岛，袭王者衣冠，假为番寇，海上无宁岁矣。朱公纨严禁之，骤不得法，为贵官所反陷。御史董威乃复请宽海禁[29]

表1-1（续）

书籍及篇目	作者	成书年	叙事内容
《明政统宗》之《江浙御史董威请宽海禁》①	涂山	万历四十三年（1615）	初，太祖置市舶司于仓黄渡。以遍华夷货有无。诘海货，抑奸价，便利权在上。且……仇杀，夏言谓祸起于市舶□部□请罢之。自是番货至，辄为奸商所笼，赊取转鬻动员，数千万金不之偿。已而番贾主贵官家，意以眚奸贾，而贵家取负更多，甚于奸商。番人泊近岛，坐索其负不能得，遂出没寇海上。贵官家，乃则让官府，谓不为御倭。及官为出师后……番人积怒日久。乃盘踞海洋。日掠我海，溃不之去。汪五峰徐碧溪毛海峰□皆以华人据近岛，袭王者衣冠……朱纨明访其情……竟□纨落职，御史董威乃希贵官指宽海禁以便……[26]史3-8

明万历朝福建巡抚徐学聚在《嘉靖东南平倭通录》中的论述与以上二者亦有相似，可为佐证。其内容为："自嘉靖元年罢市舶，凡番货至，辄赊于奸商。久之，奸商欺冒，不肯偿。番人泊近岛，遣人坐索不得。番人乏食，出没海上为盗。久之，百余艘，盘踞海洋，日掠我海隅不肯去。"[30]通过聚合三份历史文献做出判断，其时情形大体如下。市舶司被明廷严令罢撤后，中日两国民间私下贸易渠道受阻。日本商人偷偷将货物赊卖给福建、浙江等地中国商贩。而其中之奸商拖欠货款久不偿还，面对日本商人催逼避债而逃。日本商人转向中国官绅求助，希望以此震慑奸商。不料官绅拖欠日本商人货款的程度，比奸商有过之而无不及。日本商人为索要货款，久困于中国海域附近岛屿，转变为海盗，与倭寇纠合登陆中国东南沿海地区劫掠百姓，对中国人民造成巨大伤害，这种情况反映出

---

① 注：《江浙御史董威请宽海禁》原文无断句，本书结合语境，依据理解进行断句。

明朝海禁期间，明廷官方管制贡舶贸易背景下中日两国民间私下进行海上商业往来，以及由此而引发的双方利益博弈、矛盾冲突甚至倭寇劫掠事件。根据如上逻辑，"自是番货至，辄为奸商所笼，赊取转鬻动员，数千万金不之偿"一句大致可以理解为"奸商利用禁海国策，垄断来华日货，恶意赊账不偿还，改投主家造成人员流动，让日商久寻不得，从而达到不偿还货款的欺冒目的"。基于历史史实、文献语境及汉籍文脉等因素，本书主张《江浙御史董威请宽海禁》中"动员"一词是一种状态描述，可做"人员流动"之解。其构词结构可能性有二：其一，偏正结构："动"字做形容词使用，"员"为数量词。动员意指流动的人，引申义为人员流动①。其二，动宾结构："动"字做动词使用，"员"为名词，动员意指使人员流动，改变原来位置。

　　垄断货物——恶意赊账——改投主人——人员流动（避债而逃）——坐索不得，《江浙御史董威请宽海禁》描述了明朝海禁期间中国东南沿海奸商利用海禁政策，实施以垄断—欠款—跑路为行动框架的跨国货款诈骗行为，未想反而激化矛盾冲突，为倭寇提供了可乘之机，造成严重的国防危机和治安危境。需要说明的是，《江浙御史董威请宽海禁》中"动员"之解仅为一家之言，是否如上面所设想，仍需其他材料佐证。至于"动员"一词为何不见于其他史籍，可能与"动员"一词不稳定的语法结构有一定关系。即"动员"取"动"与"员"二字原意进行简略组拼，二字的组合意义在后世并未被广泛接受。又由于《明政统宗》受禁于清朝，"动员"一词逐向迹灭。而其符号却并未消失。明末清初改朝换代之际，不少忠于明廷的文人不肯屈服于清廷骑射之威，纷纷东渡日本。他们流亡时带走一批文化典籍，到日本后，依托这些文本媒介积极向日本国民宣扬汉族文化[31]。《明

---

① 注：蒋方震亦认为"动"是形容词，动员意言能动之员，就是指装备齐全的一个团体。见其《新兵制与新兵法》第44页。

政统宗》即可能为其中一部①，古汉语"动员"一词便由此开始了在日本的传播历程。

四、"动员"的"出海"与"回归"

词语概念的符号、性质、功能和意义是一个演进渐变的过程，需要经受其自身所处社会气候的型塑。"在某些情况里，这种演变过程的确是非常缓慢的。它需要几世纪的时间累积，才能蓬勃发展，表现出积极活力。在其他的情况下，这种过程可能非常快速，尤其是在某些重要的领域里面……在一个大变动的时期（譬如说战争），这种过程可能异常快速并且极易被察觉。"[32] 关于"动员"词源的传播演进过程，本书试做一次大胆的推测：《明政统宗》在成书后流传至日本，其中"动员"一词被纳入日文系统，赋意为"ある目的のために、人や物をかり出すこと"[13]，即为了某种目的，借人或者借物。在日本人译介德国军事用语时，一面借用中文"动员"的原有词形，另一面对其赋予德文 Mobilmachung 所具有的军事调动、集结等意义。即以"动员"之符号，组合 Mobilmachung 之意义，形成了新的信息——"動員"。在晚清中日文化交流互动中，日语"動員"复返中国，并携回"軍隊と国家が戦争のため編制と管理方法を戦時体制に切り替えること"[13] 的全新概念，即军队和国家为了战争把编制和管理方法转换成战时体制。"动员"在此后被广泛地应用于与军事战事相关的议题。从这个意义上看，"动员"虽然仍旧属于日语原语借词，但并非某些学者所谓"和制汉字词"，而是借形意译词，即："词形是汉语古籍中存在的，词义是日本翻译现代西方语言时赋予的……词义与汉语古语词不同。"[10]31 综上所述，目前中文所用"动员"一词具有两个源头：其含义

---

① 注：日本学者仇子揚在《日中近代軍事用語の交流と相互影響に関する考察:『中日近代新詞詞源辞典』の編纂のために》一文中，考证了日文"動員"一词的汉籍出典为《明政统宗》。

之源头始自德语单词 Mobilmachung；其符号之源头始自汉籍《明政统宗》。
二者的传播流动轨迹大体见图 1–2 所示。

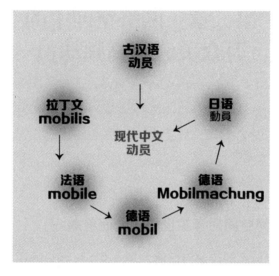

图 1-2 "动员"一词传播流动轨迹图

第二章 网络空间中的
万众关联与高频动员

一、互联网空间对真实世界的全面覆盖

传播，作为信息的传递与反馈，是人类不可或缺的社会化活动。它仿佛是无形的纽带，将一个个独立的个体相互连接，进而凝聚成家庭般温馨的小集体，延伸至族群、社会、民族，乃至整个国家。在人类漫长而曲折的发展历程中，信息传播方式及其载体的变革演进，始终是推动人类文明走向繁荣、促使社会诸多层面发生深刻蜕变的关键所在。

回首往昔，从古老的烽火传信、飞鸽传书，到后来的报纸杂志、广播电视，每次信息传播方式和载体的革新，都给人类社会带来了巨大的影响。1994年，中国迎来了一个具有划时代意义的时刻——接入国际互联网，成为国际互联网大家庭中的第77位成员。这一重要举措，如同为中国开启了一扇通向未来的大门，使中国踏上了那条如世界著名未来学家阿尔文·托夫勒所预想的第三次浪潮的信息高速公路。

中国，这个拥有悠久历史、强大实力、独立精神，以及文明源远流长且从未间断的古老国度，也是在现代化进程中怀揣着美好愿景、不懈努力奋勇前行的发展中国家。她与互联网的邂逅与交融，不论对于整个广袤的人类世界，还是对于中国自身而言，都无疑是一个具有里程碑意义的历史

性重大事件。

正如麦克卢汉（Marshall McLuhan）在《理解媒介——人的延伸》一书中所提出的观点："正是媒介塑造和控制着人类交往和行为的尺度和形式，社会的形成在更大程度上总是决定于人们相互交流所使用的传播媒介的性质而不是传播内容。"确实如此，传播媒介的变革对社会的发展起着至关重要的作用。1994—2024年，我们作为亲身经历者，亲眼目睹了中国互联网发展的艰辛与辉煌。在初始阶段，互联网基础设施还十分薄弱，网络覆盖范围狭窄，网速缓慢、链接不畅，难以满足人们对于信息快速传递的渴望。同时，互联网思维也相当贫瘠，大多数人对这一新兴事物的认识和理解还停留在表面，缺乏深入的思考和创新的应用。而且，互联网应用手段单一、功能有限，仅仅能满足一些基本的信息查询和简单的交流需求。

然而，随着时间的推移，中国互联网展现出强大的生命力和无限的潜力。通过不断的技术创新和政策支持，互联网逐渐渗透到政治、经济、文化、社会、社交等众多领域。在政治方面，互联网为民众提供了更便捷的政务服务渠道，促进了政务公开和民主决策。在经济领域中，电子商务蓬勃发展，改变了传统的商业模式，为企业创造了更多的发展机遇。在文化领域里，互联网使文化资源的传播更加迅速和广泛，各种新兴的文化形式不断涌现。在社会领域中，互联网在教育、医疗、交通等方面发挥了重要作用，提升了社会服务的效率和质量。在社交方面，社交媒体的兴起让人与人之间的沟通变得更加即时和多样。

如今，我们正处在一个关键的历史性节点，经历着由"＋互联网"向"互联网＋"的深刻转变。回首过去那些充满挑战的岁月，我们感慨万千。曾经，为了提升网络速度，科研人员日夜钻研；为了普及互联网知识，教育工作者不辞辛劳；为了完善相关法律法规，立法者殚精竭虑。但正是这些困难和挑战，激励着我们不断前进。如今，"轻舟已过万重山"，我们何其幸运！从最初小心翼翼地接入互联网，试探性地从现实世界向虚拟世界迈出步伐，到如今互联网的触角无所不及，虚拟世界的力量全面覆盖现实世界，我们的生活、工作、学习、社交等多个方面都发生了翻天覆地的变化。

在生活中，智能家居系统让家庭生活变得更加舒适和便捷，可以通过网络远程控制各种智能家电；在线购物平台让人们足不出户就能买到全球各地的商品。在工作上，远程办公模式逐渐普及，打破了时间和空间的限制，提高了工作效率；网络协同办公软件让团队成员之间的沟通与协作更加顺畅。在学习方面，在线教育平台提供了丰富的课程资源，学习者可以根据自己的需求和兴趣进行选择；数字化图书馆让知识的获取变得更加容易。在社交领域，社交媒体和即时通信工具让人们能够与远方的亲友随时保持联系，分享生活的点滴，还能结识不同背景的新朋友，拓展自己的社交圈子。

中国互联网络信息中心 2024 年 3 月发布的《第 53 次中国互联网络发展状况统计报告》显示：截至 2023 年 12 月，我国网民规模为 10.92 亿人，互联网普及率达 77.5%；手机网民规模达 10.91 亿人，网民使用手机上网的比例为 99.9%；网络视频用户规模为 10.67 亿人，占网民整体的 97.7%，其中，短视频用户规模为 10.53 亿人，占网民整体的 96.4%；即时通信用户规模达 10.60 亿人，占网民整体的 97.0%；在线政务用户规模达 9.73 亿人，占网民整体的 89.1%；网络支付用户规模达 9.54 亿人，占网民整体的 87.3%；网络购物用户规模达 9.15 亿人，占网民整体的 83.8%；搜索引擎用户规模达 8.27 亿人，占网民整体的 75.7%；网络直播用户规模达 8.16 亿人，占网民整体的 74.7%；网络音乐用户规模达 7.15 亿人，占网民整体的 65.4%；网上外卖用户规模达 5.45 亿人，占网民整体的 49.9%；网约车用户规模达 5.28 亿人，占网民整体的 48.3%；网络文学用户规模达 5.20 亿人，占网民整体的 47.6%；在线旅行预订用户规模达 5.09 亿人，占网民整体的 46.6%；互联网医疗用户规模达 4.14 亿人，占网民整体的 37.9%。[33] 惊人的数据表明，我国互联网基础设施建设不断优化升级，普惠化成果显著，国家现代化进程逐步深化。

互联网时代是一个万众关联的历史时期，在这个足以载入史册的信息化时代，我们将由孤立无援的个体形式蜕变为一种人多势众的集体形态，从自然人进化为电子人，在学习、思考、传播、组织、行动等层面，把自己变为一种全新的、更有格局的、更有力量的物种。2024年，恐怕没有哪个国家和地区连一条通往互联网的连接都不具备。互联网正在形成一个无远弗届的巨大平台，在这个容纳几十亿人的平台上，任何孤零零的个体都能够以个人的形式参与全球行动。议题广泛的行动推动人类的深度连接和相互认同，它既是人类的内在需求，也是人类的进化潜能。

美国《时代》周刊首席编辑利物·格罗斯曼（Lev Grossman）认为，"普通人成为互联网的渠道，成为自我和重要的历史行动者"[34]99。只要有共同意愿，无限的碎片也能在瞬间产生效能。随着信息网络技术的飞速发展和互联网的广泛普及，以互联网为技术基底的社会动员框架或模式，依靠成本低廉、速度快捷、能量巨大、用户广泛、渗透高效、应用多元等众多有别于传统传播媒体的技术优势，日益成为社会动员的主要形式和构成部分。网络动员是网络公共事件的核心过程和关键路径，作为各类以互联网为演进空间的公共事件和集体行动的主要推手，它正逐渐成为政府部门、社会组织、民间团体乃至个体网民开展社会活动所常用的组织方式和整合思维，在国家安全、社会稳定、社会救助、公众维权、政治反腐等方面发挥着越来越重要的作用。在这个过程中，互联网社会动员不仅作为一个工具包抑或过程，而且成为一个可以与传统社会动员相结合的平台和信息环境。与此同时，网络动员也成为极端势力、异见分子、劣意网民等主体策划组织活动、制造社会动乱、散播虚假谣言、冲击稳定环境的主要手段，给社会的长治久安带来严重影响。如何发挥互联网社会动员的积极效应，抑制或消除其负面影响，为国家安全、社会稳定、经济发展、民众生活提供坚固而有力的支撑，是中国以及其他国家政府面临的重大议题。

曼纽尔·卡斯特尔（Manuel Castells）认为："如今所有庞大和等级明确的体系都在衰退，相反，在水平网络中，人们可以相连、分离、相聚、分散。整个社会和政治组织的形式都在变化。某些个体的震动和一场场社会活动之间的关系，变得越来越不可预测，也不可思议。"[34]96 我们惊讶地发现，互联网已经成为"蝴蝶效应"的绝妙证言，而且正在扇动它横亘寰宇的硕大翅翼，等待着某个契机，卷起另一场风暴。《六度分隔》的作者邓肯·沃茨（Duncan Watts）亦不无感慨："什么事情都没发生。什么事情都没发生。什么事情都没发生。然后突然一下，就出现了抗议和暴力活动。这些都是不可预知的。"[34]100 互联网恰如一个反向的潜望镜，它可以映现常态社会中人类难以看到的景象，也能够激发现实社会中人类不易形成的社会活动。社会是生产关系的总和，是人与人形成对立统一关系的场域，网络社会并非完全意义上的无根之浮萍、灵空之界域，是依托现实社会而存在的数字化空间。因此，现实社会中的矛盾、冲突和纷扰极易流动至虚拟的网络世界，产生尖锐的噪声，破坏"真实社会（线下空间）"与"网络社会（线上空间）"两端的和谐生态。

2017年10月18日，习近平总书记在党的十九大报告中指出，"坚持正确舆论导向，高度重视传播手段建设和创新，提高新闻舆论传播力、引导力、影响力、公信力。加强互联网内容建设，建立网络综合治理体系，营造清朗的网络空间。"[35] 由此可见，网络安全是国家安全的重要基石。在中国现有的政治体制下，网络动员能力建设已然成为党的新闻舆论工作和各级政府动员能力的重要组成部分，已然成为国家夯实全民意识形态的基础要素。

二、社会转型期矛盾重重

2006年10月11日，党的十六届六中全会通过《中共中央关于构建社会主义和谐社会若干重大问题的决定》（简称《决定》）。《决定》指出，"我国已进入改革发展的关键时期，经济体制深刻变革，社会结构深刻变动，利益格局深刻调整，思想观念深刻变化。这种空前的社会变革，给我国发展进步带来巨大活力，也必然带来这样那样的矛盾和问题。"[36] 由此可见，于中国而言，构建社会主义和谐社会的历程与社会改革和转型的历史阶段发生重合。两者彼此呼应，相辅相成，是一体之两面。另一方面，正如马克思对于社会形态发展规律的洞见——"社会的物质生产力发展到一定阶段，便同它们一直在其中运动的现存生产关系或财产关系发生矛盾……生产方式可以看做是经济的社会形态演进……人类社会的史前时期就以这种社会形态而告终"，社会生产力的变革将与跟其不适宜的生产关系发生冲突，两者需要共享一段矛盾周期，处置妥切则会进入社会转型，处置失当则会引起社会灾难。即便在以促进人的全面发展和社会的全面进步为归宿的社会转型期，无论国别，不分时代，都需要经历一场场阵痛。在社会转型的阵痛中前行，矛盾与冲突是不可避免的、与之随行的社会现象。

"矛盾"是一个哲学范畴，意为"事物内部包含着两个既相互联系、相互依赖，又相互排斥、相互对立的部分、方面"[37]668，其汉语辞源出自《韩非子·难一》所述"自相矛盾"的寓言故事。"矛盾"是唯心论哲学的代表黑格尔辩证法的核心部分。黑格尔认为，"矛盾是一切事物本身所固有的、客观存在的对立与统一的关系，它贯穿于事物发展的全过程，是事物发展的动力与源泉。"[38]1957 年 6 月，毛泽东在《人民日报》上发表了题为《关于正确处理人民内部矛盾的问题》的文章，这篇文章的刊登标志着我国人民内部矛盾学说正式形成。"该学说提出要把正确区分和处理人民内部矛盾作为社会主义国家政治生活的主要内容，明确了在我国仍然存在社会基本矛盾和人民内部矛盾。社会主义社会的矛盾从性质上可分为非对抗性的人民内部矛盾和对抗性的敌我矛盾，人民内部矛盾是在人民利益根本一致的基础上的矛盾，是我国的主要矛盾。"[39]1981 年 6 月 27 日，党的十一届六中全会通过的《关于建国以来党的若干历史问题的决议》对我国社会主要矛盾做了规范的表述："在社会主义改造基本完成以后，我国所要解决的主要矛盾，是人民日益增长的物质文化需要同落后的社会生产之间的矛盾。"[40]时光荏苒，此后，经过将近 40 年的经济发展与社会建设，2017年10月18日，党的十九大报告中重新定义了社会主义初级阶段的社会主要矛盾，即："中国特色社会主义进入新时代，我国社会主要矛盾已经转化为人民日益增长的美好生活需要和不平衡不充分的发展之间的矛盾。"[41]

在中国的现代化发展中，转型是一个令人充满期待的字眼，它指的是"社会经济结构、文化形态、价值观念、生活方式等发生转变"[37]1300。对于"转型"这个词，吉登斯站在发展过程的角度，将其定义为"一个国家在寻求经济社会发展过程中，借鉴先进发展模式和策略，导致本国在经济和社会的重大变化过程"[42]。由此可见，转型是与社会密切相关的议题和行动，对于人类的发展来说，具有深远的影响。有学者认为，社会转型（social transformation）的概念源于西方社会学中的现代化理论，它转用了生物学中"transformation"的概念——生物物种间的变异，被西方学者"拿来"描述对于社会形态与结构具有重大进化意义的转换和性变，即由传统社会向现代社会变迁的过程。郭德宏认为，中国的社会转型是这样一种模式："中国社会从传统社会向现代社会、从农业社会向工业社会和信息社会、从封闭性社会向开放性社会的社会变迁和发展。"[43]

中国社会转型的具体操作，如政治体制转型、经济体制转轨、文化形态优化、价值观念重塑、社会结构调整等举措，在推动国家改革、社会发展、生活改善的同时，正在重新分化和组合各方面的利益结构与资源配比，由此造成了一系列矛盾和问题。主要表现为："城乡、区域、经济社会发展很不平衡，人口资源环境压力加大；就业、社会保障、收入分配、教育、医疗、住房、安全生产、社会治安等方面关系群众切身利益的问题比较突出；体制机制尚不完善，民主法制还不健全；一些社会成员诚信缺失、道德失范，一些领导干部的素质、能力和作风与新形势新任务的要求还不适应；一些领域的腐败现象仍然比较严重；敌对势力的渗透破坏活动危及国家安全和社会稳定。"[36]以上凸显的社会问题是引发社会焦虑、激化民间情绪、招致集体行动、损耗社会资源、增加社会风险、影响社会稳定、破坏转型速率的发展症结。社会转型具有整体性、复杂性、漫长性和艰巨性等特征，这些特征的凸显决定社会矛盾势必间夹其中、长期随行。在改革开放深入推进和社会主义市场经济体制良好建立的时期，"社会矛盾是指在社会转型的背景下，由于利益分配格局变化引起的不同社会群体之间的对立、摩擦、冲突的一种互动过程与社会现象"[44]。伴随互联网气候的日渐弥散，中国社会的矛盾及其具体表现呈现出一些新的特点。基于这些社会矛盾而引发的社会冲突、利益博弈、异见争鸣等群体性事件势必将形成常态化的发生模式，产生异常复杂的局面和危机。社会危机是融"危险"与"机遇"为一体的关键时期，如何应对"危险"的一面，使其迈进"机遇"的一面，是互联网时代对政府、非政府组织、个人等多方网络用户的全新课题和严峻考验。

三、群体性事件高频涌现

现代社会既是一个价值多元的社会，也是一个利益复杂的社会。在这种社会背景下，人们的自我意识和权利主张开始逐步觉醒。马斯洛需求理论认为，自我实现需求是人类的最高需求，而社会个体的自我表现和需求表达正是"实现自我"的一种途径和方式，也是社会舆论乃至社会动员发起的群体性心理基础。李海荣从中国特色社会主义事业进入新时代、社会主要矛盾发生转换的背景下，归纳出当下社会矛盾呈现出四个新特质："其一，矛盾总量可控但发生范围扩大；其二，冲突的烈度降低但燃点增多；其三，个体性向群体性转变，矛盾的系统性特征突显；其四，利益性矛盾仍是重点，但有向权利性争端转移的趋势。"[45]其中第三个特点指向"群体性事件"，这是一个本土化的术语，比较接近西方学界常用的集体行动、集体行为、社会运动等概念。具体表现为：当利益受损者在博弈和对抗中，仅凭一己之力屡屡受挫、难以解决问题时，具备相同利益诉求的个体会以社会动员的方式和机制抱团取暖，凭借对"人多势众"观念的既定认知和憧憬，采取松散而又组织化的集体抗争的形式声张诉求，向利益获益单位施压。

"国内最早在 2004 年由中办、国办发布的《关于积极预防和妥善处置群体性事件的工作意见》中，把群体性事件定义为：由人民内部矛盾引发、群众认为自身权益受到侵害，通过非法聚集、围堵等方式，向有关机关或单位表达意愿、提出要求等事件及其酝酿、形成过程中的串联、聚集等活动……近年来一些由非直接利益群体参加的新型群体性事件也大量出现。该类事件无明确冲突目标，事件参与者与当事人并无直接利益关系，多是为发泄不满而自发产生的，被学者称为治安型群体性事件、社会泄愤事件或基于不满宣泄的群体性事件。"[39] 由此可见，在利益受损群体与利益获益群体的冲突之外，还存在无关利益、以泄愤为目的的对抗，这种对抗的产生，既源于上文提及的社会焦虑和普遍压力，也与个体"法不责众""渴于发声"等心理活动相关，是个体理性和群体失控相结合后的产物。

中国群体性事件的数量在近年来呈现上升趋势。根据中国社会科学院发布的 2013 年《社会蓝皮书》，每年因各种社会矛盾而发生的群体性事件多达数万起甚至十余万起。这些事件的形成原因主要包括征地拆迁冲突、环境污染冲突和劳动争议。其中，征地拆迁引发的群体性事件占比约一半，环境污染和劳动争议引发的事件占比约 30%，其他社会矛盾引发的事件占比约 20%。进一步的数据显示：1993 年中国发生了约 0.87 万起群体性事件，1994 年发生了约 1 万起，2003 年上升至 6 万起，2005 年达到 8.7 万起，2006 年超过 9 万起。这反映出群体性事件的年增长率约为 17%，参与人数的年均增长率为 12%。这些数据揭示了中国社会中公民采集、加工和扩散信息的能力在持续加强，并且群体性事件的动员频率逐渐提高，影响逐渐深远。2023 年《社会蓝皮书》显示，为有效应对群体性事件，在推进中国式现代化的伟大实践中，我们党领导人民不断完善正确处理新形势下人民内部矛盾的有效机制，在社会矛盾纠纷有效化解的大前提下，全国公安机关侦办的刑事案件数量稳步下降，群体性事件得到有效控制。

"相比于一般社会冲突，群体性事件往往是在正常的社会矛盾治理机制难以奏效的情况下积累形成，其在参与主体、博弈手段及合法性上都明显区别于一般的社会冲突，也可以说是社会冲突发展的一种高级形式。参与的群体性、使用手段的非法性以及冲突行为的强对抗性和暴力化是当前我国群体性事件最突出的表征。"[39] 群体性事件经常触碰中国当前的法律体系和框架，并可能会造成一定程度的冲击。以对抗性较低的聚集活动为例，当其实质规模超过信访或治安法规对参与人数的限定时，就已产生了"非法"的性质。至于那些对抗性较强的集体上访、围堵政府等活动，通常可见违法犯罪行为的伴生。

重大群体性事件对社会秩序、经济发展和民众生活多方面造成了恶劣的负面影响。而在信息时代，互联网已经成为社会活动的核心平台，其深远的影响力和革命性的传播特性正在重塑公众参与社会事件的方式。公众的"信息权利意识"在互联网的催化下迅速觉醒，人们开始意识到获取信息、表达观点和参与社会事务是自身不可剥夺的权利。这种觉醒在互联网的广泛普及和其社会能量的显著提升中得到了充分体现。互联网不仅为个体提供了表达和交流的空间，更为群体性事件提供了一个全新的舞台。

群体性事件的网络化，是互联网对社会活动影响的直接体现。在现实社会中，由于种种原因，一些社会活动可能会受到限制或阻碍。然而，互联网的虚拟性、匿名性和去中心化特点，为这些活动提供了一个更为自由的表达空间。通过网络，群体性事件可以迅速传播，吸引更广泛的关注，从而形成强大的社会影响力。这种网络化的群体性事件，不仅能够"助拳"那些在现实世界中受阻的社会活动，更能够通过网络的扩散性和即时性壮大声势，加速问题的解决。

群体性事件的网络化导致两种现象。首先，群体性事件在网络上成为热点议题和素材库。在网络空间，事件的当事人或支持者可以通过各种方式将事件包装为焦点，引起广大网民的注意、认同和共鸣。这种关注可以迅速放大事件的影响力，促进社会对事件的认识和反思，有时甚至能推动问题的解决。然而，这也可能导致事件的过度炒作和情绪化，使网络空间充斥着各种极端和非理性的声音。其次，群体性事件在网络上成为自发活动。这些活动不依赖于现实中的社会活动，而是完全在互联网上产生和发展。事件的经历者、时空构成、酝酿过程、发端、发展、高潮直至结束，都仅在网络空间存在。这种现象表明，互联网已经成为一个独立的社会动员场域，能够自行产生群体行动。

无论是现实中的群体性事件走上网络，还是网络群体性事件对现实世界产生影响，互联网社会动员都在其中发挥了显著的作用。这些行动涵盖了表意、环保、维权、反腐、揭黑、应急、救灾等多个方面，显示了互联网社会动员积极向善的一面。然而，也存在负面的、失控的网络媒介环境，这可能导致群体性事件的无序和破坏状态。

这种负面的网络环境可能会迅速吸引集体的焦点，导致冲突的扩散和升级。它不仅浪费宝贵的公共资源，损害了网络世界的良性发展，更会威胁现实社会的秩序和稳定。此外，这种环境还可能引起群体共同情感的波动和异化，造成冲突的社会化，不利于和谐社会的构建。

互联网社会动员的这种双刃剑效应，要求我们在享受互联网带来的便利和自由的同时，也要对其潜在的风险和挑战保持警惕。我们需要加强对网络空间的监管和管理，引导网民理性表达、文明互动，防止网络暴力和谣言的蔓延。同时，我们需要完善网络法律法规，保护网民的合法权益，维护网络空间的秩序和稳定。

此外，政府和相关部门在处理群体性事件时，也需要充分利用互联网的优势，加强与民众的沟通和交流，及时回应社会关切，化解矛盾和冲突。通过互联网，政府可以更有效地收集民意、汇集民智，提高决策的透明度和公信力。

互联网社会动员的积极向善，需要我们共同努力来实现。我们应当倡导网络文明，提高公众的网络素养，培养公众理性、客观、负责任地参与网络社会活动的习惯。同时，我们需要加强网络教育，让公众了解网络行为的后果，明白网络空间同样需要遵守社会规范和法律制度。

在网络空间，每个人都应当成为积极的建设者，而不是消极的旁观者。我们应当鼓励公众利用互联网平台，传播正能量，促进社会和谐，而不是成为负面情绪的传播者和放大者。通过这种方式，我们可以将互联网社会动员的积极效应最大化，减少其潜在的负面影响。

四、社会网络结构的演变

社会网络作为一种社会学视角，发端于德国社会学家齐美尔，经由后世学者的多元耕耘，现在发展为社会科学中用于研究个人、团体、组织甚至整个社会之间关系的理论模型。社会网络是人类为参与社会化进程必然要在自身周围构建和嵌入的关系图谱，其连接脉络会影响生活、工作、生理、心理等各个方面。"无论是简单网络，还是复杂网络，社会网络都存在两个基本要素。第一个要素是'连接关系'，它指的是谁跟谁相连接。第二个要素是'传染物'，任何东西都可以沿着连接关系流动，传染物就附在流动体上。"[46]27 在无远弗届的社会网络中，成员的身份遍及广泛，既可以是个人个体，也可以是集合单位。他们有差别地占有各种资源，并在社会化活动中肩负关系节点的使命，依赖彼此间的连接，从而激发常态化的交往维续，激发动态的交往惯性，为抵达最明确的终点——亲密关系而形塑、调整、优化连接结构。

中西方历史环境和文化语境的差异表现，导致反映在二者社会网络格局中的民族文化本位和价值取向迥然不同。与西欧的个体本位和个人主义相对，中国传统文化以群体凝结为核心，在社会网络构建层面以伦理中心主义为特点。"这种以伦理为中心的文化结构，以家庭为中心，由小而大，由近而远，由亲而疏，延伸扩展，形成社会关系的网络。这个网络可以用'五缘'加以概括。所谓'五缘'就是亲缘、地缘、神缘、业缘和物缘。"[47] 五缘文化较完整地归纳出中国社会网络的基本特征和契约关系，但由爱情、友情等非血缘而引发的特殊亲近关系却缺位其中，需要补充加入"情缘"的概念，形成以中国历史环境和文化语境为基础的、别具特色的"六缘"社会关系网络。传统的社会动员主要以这种"六缘"社会关系网络为活动空间和连接结构，其演进空间较为确定，其构成人员较为明晰。

"20世纪中叶以来，由于以计算机为标志的第五次信息革命的影响，以全球信息基础设施为平台的媒体文化（即狭义网络文化）已经试图将五缘文化纳入自己的发展轨迹。"[48]在21世纪的信息时代，互联网技术的飞速发展，不仅重塑了人类的沟通方式，更对社会结构和社会组织形式产生了深远的影响。随着互联网的日渐成熟，社会网络的上线频率急剧增加，互联网空间的社区化程度不断加深。这种由"网缘"引导的线上用户社会网络的数字化生存，不再局限于虚拟世界，而是开始向线下渗透，对现实社会产生了巨大的影响。

互联网作为一种新型的社会动员工具，其动员能力和影响力日益凸显。与传统社会动员相比，互联网社会动员具有速度快、范围广、成本低、参与度高等特点。它突破了时间和空间的限制，使得信息传播和意见表达更加便捷和高效。基于互联网技术，以弱关系连接为导向的社会动员，正在成为现代社会动员的重要形式。在互联网社会动员过程中，传统的社会关系网络——亲缘、地缘、神缘、业缘、物缘和情缘——并没有消失，而是与互联网技术深度融合，形成了电子关系生态。这种电子关系生态，不仅涵盖了线上的虚拟社区，而且包括了线下的实体社会。通过互联网平台，人们可以更加便捷地与亲朋好友保持联系，与同乡、同宗、同道中人交流互动，参与宗教活动，开展商务合作，分享兴趣爱好，甚至在虚拟世界中寻找情感寄托。

线上线下世界的重合，使得社会动员的传播范围不再局限于某一特定的社会网络，而是可以迅速蔓延到"七缘"（亲缘、地缘、神缘、业缘、物缘、情缘、网缘）社会网络的交错边界。"七缘"社会网络关系结构见表2-1。这种跨界传播的特点，为社会动员提供了更加广阔的舞台。无论是公益活动、商业推广，还是政治竞选、文化宣传，都可以借助互联网的力量，实现快速传播和广泛影响。同时，"七缘"社会网络之间的互相渗透和转化，为互联网社会动员提供了多样化的场景空间。在这些场景中，人们的身份和角色可以灵活转换，从匿名到实名，从个体到社区，从互异到认同。这种身份和角色的转换，不仅丰富了个体的社会体验，而且为社会动员注入了新的活力。

表2-1 "七缘"社会网络关系结构

"七缘"分类	内 涵
亲缘	宗族亲戚关系
地缘	邻里乡党关系
神缘	以共同的宗教信仰和供奉之神祇为标识进行结合的人群
业缘	以同业、同学而聚合的人群
物缘	以物为媒介而发生关系并集合起来的人群
情缘	以非血缘的情感引发的特殊亲近关系
网缘	以互联网为中介而促成的线上交互关系

然而，互联网社会动员的发展也面临着一些挑战。首先，信息的真实性和准确性问题日益突出。在互联网上，虚假信息和谣言的传播速度往往比真实信息更快，这给社会动员的公信力和有效性带来了挑战。其次，网络安全问题也不容忽视。个人信息泄露、网络诈骗、网络攻击等安全问题时有发生，给社会动员带来了潜在的风险。此外，互联网社会动员的参与度和影响力也受到一些因素制约。例如，数字鸿沟的存在使得一些群体无法享受到互联网带来的便利，网络舆论的极化现象可能导致社会分裂和对立，网络暴力和网络欺凌现象也会对社会动员的健康发展产生负面影响。

面对这些挑战，我们需要采取有效措施，促进互联网社会动员的健康发展。首先，加强网络信息的监管和引导，提高信息的真实性和准确性，减少虚假信息和谣言的传播。其次，加强网络安全建设，保护个人信息安全，防范网络犯罪。再次，缩小数字鸿沟，提高互联网普及率和网络素养，让更多人参与到互联网社会动员中。最后，倡导网络文明，营造理性、包容、积极的网络环境，促进网络舆论的健康发展。

五、传统媒体颓势凸显

媒体招揽和刊登的广告既是反映媒体发展状况的一个重要指标，也是整个行业的晴雨表。早在2008年，在互联网与金融危机的双重冲击下，美国报业的广告收入陷入断崖式下滑，比上一年度的收入缩减了14.9%。媒体人的努力并未遏制可怕的颓势，2009年的广告收入同比缩减了26.6%。受全球互联网大环境的影响，中国报业在2012年出现断崖式滑坡，仅仅几年时间内，市场化的传统媒体基本上已经陷入困境，面临难以正常运转的现状。与西方传统媒体作为"自主经营、自负盈亏"的市场主体的发展情况有所不同，中国传统媒体基本上采取"事业单位企业化管理"的发展策略，拥有政府的财政支撑和补贴。传统媒体作为准事业单位，始终是国家的宣传机关和"耳目喉舌"，需要承担艰巨的代表发言、舆论引导和社会动员等政治性的工作职责。因此，传统媒体的发展情况与国家各级党政机关的动员能力密切相关，是国家政治、经济、文化驶向现代化的重要基础，传统媒体的下行发展趋势必将影响社会动员的制度建设和进程表现。

自互联网技术进入中国，中国传媒产业的结构性变化已经开始发生。伴随互联网对人类社会生活所有单元的高度渗透，以互联网为代表的新媒体与以图书、报纸、杂志、广播电视为代表的传统媒体之间的分野日趋明显，在分野的同时，又相互交叉融合，衍生出全新的媒体形态，充实着中国的媒体产业，丰富着中国民众的信息生产与消费。在今日的中国，传媒产业主要是由传统媒体、网络媒体和移动媒体三大板块构成的。传统媒体的背后倚靠的是各地传媒集团和各级党委宣传部门；与之相对，网络媒体和移动媒体则代表着电信运营商和移动网络运营商的商业利益。在目前的传媒产业格局版图中，以网络媒体和移动媒体为技术支撑的"自媒体"大肆盛行，颇具规模。自媒体是指一个普通民众个体抑或机构组织皆能够在任何时间、任何地点，以不受限的方式访问和使用互联网，通过信息化的数字技术与全球知识体系及网络用户互联互动，阐释、分享、交流各自的看法、态度、资讯和价值观的一种即时的传播途径和沟通方式。当前，以微博、微信、抖音为代表的自媒体应用软件，已经成为信息传播中活跃的主体平台和舆论、动员活动开展的主要场域。除此之外，传统媒体企业内部分化现象日渐明显，出现了不可逆的马太效应。在互联网和信息化时代背景下，传统媒体的生存条件和发展机遇遭受着来自其自身的和外在的多重考验，陷入艰难的处境，四面楚歌在，背水一战难。

移动互联网是信息数字化、计算机技术、移动通信技术相结合的产物，它让信息的复制和零门槛传播成为可能，增强了信息传播的实时性和互动性，彻底打碎了时空的限制条件，"24 小时随身随地"的媒介使用愿景由此变为现实。互联网与智能手机的结合成为中国民众最熟悉且最亲近的媒介形态，在"润物细无声"的网络空间中，改变着民众的阅读习惯和方式。多项基于中国人阅读状况的调查报告表明：中国民众尤其是青少年的阅读习惯和环境逐步从纸质的传统载体转向电子的新式载体。信息传播媒体结构的变化不仅引起教育、学习、娱乐模式的改变，而且影响着媒体行业广告投入的占比情况。全民的注意力伴着鼓荡的数字流量涌向各类网络新媒体，以注意力经济为宗旨的商业广告随之而至。

传统媒体原有广告资源被新兴媒体分流、截流，"内容—读者—广告"的传统经营模式受到强劲的挑战。生存压力的倍增逼迫传统媒体寄希望于"节流"，借人力裁员的举措为媒体红利空间让步的事件偶有发生。国际媒体行业的裁员浪潮席卷西方各国的老牌传统媒体，裁员计划早已是大势所趋："2012 年 6 月，澳大利亚最大新闻媒体集团之一的费尔法克斯（Fairfax Media）宣布未来三年内裁员 1900 人，其中 20% 的裁员将在编辑部门进行。该公司计划通过此举每年节省 3.25 亿澳元；2014 年 6 月，加拿大广播公司 CBC 发布 5 年策略计划，其中包括 5 年裁员 20%、削减节目时间与制作，甚至可能出售公司在多伦多的标志性总部大楼；2014年7月，英国广播公司BBC宣布执行削减开支计划，在新闻部门裁员415人。不过，为了新闻部门重组并适应电子化时代，BBC同时新开设195个职位，总共净裁减220个全职工作岗位；2014年10月7日，美国时代华纳旗下公司、CNN和TNT电视台的母公司特纳广播公司(Turner Broadcasting)宣布将在全球范围内裁员1475人，裁员比例约10%。2014年10月1日，《纽约时报》宣布将裁掉约100名新闻编辑，以节省成本适应行业新剧变，投资未来的数字业务。另外，华尔街日报和今日美国也都公布了裁员计划。"[49]

在互联网异军突起、媒体结构急速变化的传媒环境中，中国的传统媒体即便"身靠财政好乘凉"，也难以独善其身，裁员、请辞成为传统媒体的常态。在中国，随着互联网和数字媒体的兴起，传统媒体同样面临着严峻的挑战。"湖北楚天都市报裁员70人；陕西华商传媒集团下属的华商报、新文化报、华商晨报纷纷裁员；南方报业集团仅2014年就有202名集团聘员工离职，2012年至2014年总计离职员工519人。"[50] 2015年，《外滩画报》这份具有悠久历史的周刊因广告收入下滑和读者流失，最终宣布停刊，并进行了裁员。2017年1月1日，作为北京地区知名的综合性都市日报，《京华时报》因经营压力和市场环境变化宣布停刊，其员工进行了大规模裁员。与《京华时报》同日，上海的《东方早报》也宣布停刊，并转型为新媒体平台"澎湃新闻"，其纸质版停刊标志着一个时代的结束。

在数字化浪潮冲击下，传统媒体行业正经历着前所未有的变革。裁员和缩编成为许多媒体机构应对市场变化的应急措施。虽然这些措施在短期内减轻了运营成本的压力，但从长远来看，它们并不能从根本上解决传统媒体所面临的挑战。"节流而未开源，治标而未治本。"传统媒体的困境需要更深层次的解决方案。

首先，裁员可能导致人才流失，这是传统媒体面临的最大损失之一。

媒体行业的核心竞争力在于其人才，尤其是那些具有深厚专业知识、敏锐洞察力和创新能力的精英人才。这些人才的离去不仅削弱了媒体的内容生产能力，而且影响了媒体的创新能力和市场适应性。在信息爆炸时代，内容的质量、深度和独特性是吸引和保持受众的关键。没有一流的人才，传统媒体将难以在激烈的市场竞争中脱颖而出。

其次，裁员可能会影响媒体的社会动员能力。传统媒体作为社会的信息枢纽，承担着传递信息、引导舆论、监督社会的重要职责。裁员导致的人手短缺，可能会降低媒体对突发事件的响应速度和报道深度，影响其在关键时刻发挥社会动员的作用。裁员还可能削弱媒体与受众之间的联系，减少受众对媒体的信任和依赖，从而降低媒体的社会影响力。

最后，裁员并不能解决传统媒体在商业模式上的困境。随着互联网的兴起，广告商和读者纷纷转向新兴的数字平台，传统媒体的广告收入和发行量急剧下降。裁员虽然可以降低成本，但如果不能同时开发新的收入来源，传统媒体的经营困境将难以扭转。许多传统媒体已经开始探索数字化转型，通过建立自己的网站、开发移动应用、利用社交媒体等方式，拓展数字内容的传播渠道，吸引网络受众。然而，数字化转型并非一蹴而就，它需要媒体机构进行长期的投入和探索。

此外，裁员可能会影响媒体的创新能力。在数字化时代，媒体行业的竞争日益激烈，创新成为媒体生存和发展的关键。裁员可能会导致媒体机构内部的创新动力减弱，因为创新往往需要跨部门、跨领域的协作，需要充足的人才储备和宽松的创新环境。裁员可能会破坏这种协作和创新的氛围，限制媒体的发展空间。

六、对于网络动员的多方解读

（一）网络动员的概念

20世纪90年代，一众权威的专家学者、社会观察家、政界人士、商界领袖和传媒从业者通过著书立说、发表演讲、行业讨论等思想交流的方式，达成了难能可贵的统一意见：互联网终将改变我们赖以生存的社会。他们对由互联网参与的未来世界寄予了美好的预测和憧憬。盖茨（Gates，1995）告诉我们，"互联网将为商界带来一场革命，掀起一个繁荣的高潮。"尼葛洛庞帝（Negroponte，1996）认为，"互联网将开启一个文化民主的新时代，自主的消费者——后来所称的生产型消费者将要发号施令，旧的媒体寡头将要腐烂和死亡。"格罗斯曼（Grossman，1995）同样不无期待，"互联网将振兴民主；有人说，通过公民投票，直接的电子治理将成为可能。"盖茨（1994）憧憬着，"在世界各地，弱者和边缘人将被赋予力量，迫使独裁者下台，并使权力关系重组。"在越来越多的人看来，互联网势不可挡、所向披靡，它是人类另一项可以与蒸汽机相提并论的伟大发明，互联网的技术属性将永远改变这个蓝色的星球，对陷入其中的各色人等产生不可扭转的深刻影响。互联网形成了可供思想和情感彼此讨论和交锋的电子公共空间，网络个体对舆论的分析与解读被赋予更宽广的时空。在互联网"赋权、赋力、赋能"的技术化趋势中，一个在现实生活中极为普通的网民可以通过互联网渠道发布信息引起其他网民、媒体甚至政府机构的跟进，从而形成一场声势浩大的社会动员行动。作为一种新兴的社会动员方式，网络动员与借用传统媒体实施的社会动员相比，在传递信息、引导用户、整合资源、吸引注意、形成焦点、交互反馈、产生影响等方面具有后者不可比拟的技术性优势。对于互联网社会动员，目前中西方学界并未形成统一和标准的界定解释。

互联网技术的兴起，无疑是现代社会动员形式变革的重要推手。它不仅为个人和组织提供了更广阔的参与空间，而且极大地降低了参与抗争的门槛。在这一背景下，美国学者加特勒（Garrett，2006）提出了网络时代社会动员的三个关键维度：动员结构、政治机会结构和框架建构。这三个维度共同构成了互联网时代社会动员的理论基础。

首先，动员结构指的是个人或组织通过网络渠道进行动员的组织形式和动员能力。互联网的普及和发展，尤其是社交媒体的兴起，极大地丰富了动员结构的内涵。通过在线平台，人们可以迅速集结起来，形成强大的社会力量。这种动员方式不仅成本低廉，而且效率高，能够在短时间内聚集大量的关注和支持。

其次，政治机会结构涉及社会动员过程中所面临的政治环境和制度条件。互联网为政治行动提供了更多的空间和可能性，使得个人和组织能够在相对宽松的环境中表达诉求、发起倡议。这种开放性既为社会动员提供了更多的机会，也为政治参与提供了更为广阔的舞台。

最后，框架建构是指在社会动员过程中，如何通过话语、符号和叙事来构建动员的框架，以吸引更多人的关注和参与。互联网提供了丰富的表达手段和传播渠道，使得动员者能够更加灵活和创造性地构建动员框架。通过故事讲述、视觉呈现和情感诉求等方式，动员者可以更有效地传播信息、激发共鸣，从而加速运动的扩散。

科尔曼（Coleman，2011）从互联网的匿名性这一特点出发，探讨了它如何为政治行动提供可能性。在互联网空间，人们可以隐去真实身份，以匿名的方式参与讨论和行动。这种匿名性为弱势群体提供了保护，使他们能够更加自由地表达观点，参与抗争。同时，匿名性为集体行动提供了一种安全感，降低了参与者面临的风险和压力。

皮卡德（Pickard，2006）的研究聚焦于全球首家独立媒体——IMC的实践。通过对IMC的话语、技术和制度实践的深入分析，皮卡德强调了另类媒介在促进民主政治中的重要作用。IMC以共识为基础的决策过程，不仅体现了民主参与的精神，而且为社会动员提供了一种新的实践模式。这种模式鼓励多元化的声音和观点，促进了更为开放和包容的讨论氛围。

综上所述，互联网的兴起对社会动员形式产生了深远的影响。它降低了参与成本，加速了运动的扩散，为政治行动提供更多可能性。同时，互联网为动员结构的构建、政治机会的开拓和框架的建构提供了新的平台和工具。在这个过程中，匿名性、共识决策和另类媒介等元素发挥了重要作用，共同推动了社会动员的创新和发展。随着互联网技术的不断进步和应用的不断拓展，我们可以预见，社会动员的形式将更加多样化、动员的力量将更加强大、动员的效果将更加显著。

（二）国外学者对于互联网社会动员内涵的解读

互联网社会动员在西方文献中有多种不同的表述形式，以 Cyber Mobilization、Online Mobilization 最为常见。西方学者并没有赋予网络动员一个严格的定义，先行的概念界定各有侧重，互为补充，具体为：

（1）对应说。即将网络动员看作传统线下（off line）集体动员的在线（online）等效替代物或对应物（an equivalent alternative）。网络政治在本质上是现实政治在网络空间的映射，这种定义坚持了网络政治的本质论，无疑是较为深刻的。

（2）关系说。Surman 和 Reilly 强调："当我们提到网络动员的时候，我们主要讨论的是促动人们进行抗议、干预、倡导、支持诸行动的在线努力，这种努力是关系和共享多于信息。"这种观点提醒我们将互联网社会动员等同于网络信息传播的观念是值得商榷和反思的。网络动员是一个告知信息、建立联系和发动动员的三个层次的递进过程，仅仅发布网络信息不能构成网络动员。网络动员信息传播的背后是社会资本、社会意义和集体认同的在线建构和重组并产生社会协作效应的过程。

（3）工具说。这种观点认为，网络动员就是通过在线游说的方式动员支持者采取行动。有学者形象地比喻道：对于游说和倡议集团而言，没有了互联网就像一个建房子的木匠没有锤子。这种定义强调了互联网在集体动员的技术性工具价值。"工具说"与"对应说"的不同之处在于，"对应说"将网络动员看作一种集体动员的新形态，而"工具说"则将网络动员看成一种以互联网为工具而进行的集体动员。

（4）虚实作用说。这种观点指出绕过以国家为中心的途径和方式，大众动员的目的和手段都在发生改变，大众网络动员就是一种从赛博空间浮现出来的对现实世界有直接影响的动员。这种定义同样坚持了网络政治的本质论，并强调现实社会和网络社会的相互作用与影响。

（5）过程说。有学者在研究竞选动员网页时，给网络动员下了一个定义：动员就是两步劝说行动（two-step persuasive action），即"通过某种方式，试图说服某人去说服其他人行动起来"。根据这个定义，如果"投史密斯一票"的网页仅是简单的劝说行为，那么那些"告诉你的朋友投史密斯一票"的网络文本就是动员行为。

（6）冲突说。有学者基于网络战的角度认为，网络动员是一个集中力量对抗关键点的过程。这种定义强调了网络动员的社会集体冲突的属性，将网络动员看作网络行动主义或网络激进主义的一种类型。比如黑客动员攻击某一网络关键节点，美国国防部的网站每年遭受黑客的集体攻击多达4000万次[51]。

（三）国内学者对于互联网社会动员内涵的解读

（1）社会活动说。刘琼认为，"网络动员是以互联网为媒介，在缺乏专业领导者的弱组织化状态下所进行的一种社会活动，行为人在动员中一般需要有'实际'的付出（金钱或者行为主体的物理集结与在场）。"[52]

（2）交互过程说。李不难认为，"网络社会动员是指网民或以网民身份为掩护的政治利益集团，通过互联网引发广大网民参与对某些事情的关注、评价，使网民价值取向、思想和行动发生变化的网络交互过程。"[53]

（3）政治目的说。张雷、刘曙光从互联网和政治动员结合的角度切入考察，认为"网络政治动员是指个人或集团为达到一定政治目的，利用网络传播技术平台，通过传播政治信息在网络社会发起的宣传、鼓励行为，进而影响网络社会与现实社会政治生活的政治行动过程"[54]。

（4）社会过程说。罗佳、刘小龙将"互联网社会动员"定义为"在网络社会中，各种社会因素对其成员的思想和行为产生影响，从而产生导向作用的过程"[55]。再如，陈华认为，"互联网社会动员"是"动员主体借助网络这一特殊工具，为达到一定的目的，在网络空间针对特定事件进行组织和宣传，以引起网民集聚并在网上或网下形成集群行为的过程"[56]。

（四）互联网社会动员的性质研判

西方互联网社会动员研究的兴起是对集体行动、恐怖主义、竞选政治和公共参与活动中互联网社会动员实践的理论回应，具有典型的西方化特色和政治诉求。从传统动员到网络动员，是一种连续性演变抑或革命？西方学术界对此形成了三种不同的看法。

（1）悲观主义认为，网络政治动员是传统政治动员的在线替代物。互联网集体动员的早期经验研究认为，互联网为那些缺少资源的组织和个体提供机会，互联网作为组织资源和资金的替代物而发挥作用。塔罗认为，相对于街头对垒的活生生的危险，虚拟的激进主义可能被作为现实世界中的激进主义的替代物，而非策动力。在线签名可以看作传统集体请愿的互联网出场，动员用户直接登录请愿网站，电子签名请愿即可。这个结构就像把政治动员过程网络流程化一样，因为想法一致的人更容易连接了。支持替代说的学者将网络政治动员看作传统政治动员的在线相似物或等效替代物，它本质上是对传统的线下动员的流程简化。"在线替代物"的思想虽然肯定了网络政治动员与传统政治动员的根本连续性，但也存在两个明显的缺陷：第一，它未能很好地说明网络政治动员与现实政治动员的差异。第二，它低估了网络政治动员对传统政治动员的超越与塑造。

（2）乐观主义认为，网络政治动员是一种超越传统政治动员的新事物。西方不少乐观主义学者认为，新型社会运动可以完全依靠互联网来构建并富有活力和弹性，而无须传统政党、工会、运动组织等中介组织和专业性领导，它们是被普通的政治议程所动员而非被集中化的领导结构所动员。不少学者认为，去结构化的、分享的、基于互联网的集体动员并不能在现存的理论框架下去理解和解释。互联网不单单是组织和斗争的工具，而且是一种新的社会交往、动员和决策形式。霍华德·莱茵戈德（Howard Rheingold）在《聪明暴民——下一轮社会革命》一书中指出：快闪动员是一种全新的社会动员方式，并将带来大规模的社会革命。他断言快闪族已经全面地接管了社会运动。这种激进观点难免有技术决定论的嫌疑，这种技术单线条式的简单化分析被指割裂了虚拟空间和现实社会的关联。如有学者强调对互联网动员草根行动进行分析时，需要把互联网纳入一种超越了孤立分析网页和电脑中介交流的范式。在什么情况下、多大程度上网络政治动员成功并能够持续下去，以及在线动员如何能够转化成线下集体行动等问题，乐观主义学者并没有给出令人信服的理论说明。

（3）务实主义认为，网络政治动员是互联网和传统政治动员的混合物。互联网已经历史性地成为形塑集体动员的强有力的因素，这已经被事实证明，但问题的关键在于互联网集体动员是否表明它比先前形式更为彻底。有学者指出，在线请愿、电子讨论、邮件动员等在线活动对社会运动的改变是以"将古老的面对面的社会运动表演与虚拟的表演相结合"的方式进行的。Andrew Chadwick 认为，政党、利益集团和新社会运动的组织特征出现了边界融合，互联网创造了一种组织变革和试验几乎是程式化的环境：第一，出现了像 MoveOn、MeetUp 等以互联网为中心的真正"混合组织"。第二，传统的政党和利益集团已经采用和借鉴新社会运动的动员策略。作为这些过程的产物，它们并非真正的"新"的政治动员形式，最好把它们理解为先前已存形式的结合。Lauren Langman 和 Douglas Morris 认为，虽然互联网社会运动和它们共享的动员网络预示了一种新的民主形式，但这种新形式整合了一些先前运动的结构和策略。

第三章　网络动员的
技术赋能及其面临的网络中心化泥淖

一、网络动员的现实技术基础

（一）新媒体技术

社会动员是一场声势浩大的传播活动，为达成其目标，便需要依赖一定的传播媒介实现周期性的信息的传播、交换和反馈。每当提及媒介或传播时，人们通常会联想到在今时今刻，无处不在、随时随地可以触及的传播技术。中文"技术"一词的英文对译词为 technology，源自希腊语的"τέχνη"（techne，意为"艺术、工艺"）和"λογοζ"（logos，意为"词、理性"）。多数人对技术的理解一般是将其笼统地看成工具或机器，然而这种看法是不全面的。美国著名传播学者罗杰斯对技术作了这样的定义：技术是为了实现某种目的而对手段和途径进行的某种设计，以减少因果关系中的不确定性。他认为，技术至少包括两个层面：硬件方面（物质或物理实体）和软件方面（硬件运行的信息基础）。例如，可以将电脑技术分为硬件和软件两部分，硬件包括各类元器件、主板和总线等，软件包括帮助我们使用这些工具的各种程序和指令。由于人们通常看到的只是非常直观的电脑的硬件部分，因此往往将电脑技术视为那些看得见、摸得着的硬件设备。事实上，不论是硬件还是软件，都是电脑技术不可缺少的。

另外，作为人类生产和活动的手段和方式，技术具有明确的目标导向，人们使用技术总是为了解决某一问题或实现某种意图。因此，韦路在《传播技术研究与传播理论的范式转移》一书中，将技术定义为"人们在某一特定领域为了实现某种意图而对知识的实际应用"[57]2。

媒介技术在一定程度上能够帮助人们更好地进行信息传播活动。从古至今，信息传播和情感交流始终是人类的生活需要和重要活动，各类传播技术的出现正是以满足这些日益增长的传播需求为创造目标，在创新与更替中闪耀着匠心独运的光芒。人类利用传播技术达成沟通和交流的行为由来已久，其发展的历史径长甚至可与人类的进化史并驾齐驱。"从语言到文字，从手抄到印刷，从电子到网络，媒介技术不仅与人类社会的发展息息相关，而且成为区分人类社会不同历史阶段的鲜明标志。"[57]1加拿大传播学家麦克卢汉在《理解媒介——人的延伸》一书中，提出一个著名的学术观点——"媒介即人的延伸"，他认为，媒介是人类感觉能力的延伸或扩展。互联网社会动员即凭借互联网这种新型的媒介技术延伸人的感知空间和动员能力。为了更加有效、更加人性化地传播信息，人们借助各类现代新技术的更新发展，从传统媒体的技术上延伸和创造出新的媒介技术和媒介形式，诸如数字电视、数字电影、数字动画、电子图书、手机媒体、微博等社会化媒体、iPad 等可移动触屏媒体，这些新型媒体形态统统建立在技术革新的基石之上。本书的议题"互联网社会动员"正是依托计算机技术、互联网技术、移动通信技术等新媒体技术而开展的社会活动。目前，学界对于"新媒体"的定义还存在争论和不同角度的解读，但学者对于"新媒体"内涵的理解基本上能够达成一致的看法，即："新媒体是建立在数字技术和网络技术基础上的各种媒体形式，是能对大众同时提供个性化内容的媒体，是传播者和接受者融汇成对等的交流者，无数的交流者之间又可以同时进行个性化交流的媒体。'新'最根本体现在技术上，同时也体现在形式上，有些新媒体是崭新的，而有些是在旧媒体的基础上引进新技术后，新旧结合的媒体形式"[58]。

　　新媒体技术在社会动员中的应用案例是多维度和跨领域的，它们不仅改变了信息传播的方式，而且重塑了公众参与社会活动的形式。

　　在政治领域，新媒体技术的动员力量尤为显著。例如，奥巴马在2008年的总统竞选中，通过社交媒体平台（如 Facebook 和 Twitter），成功地动员了数百万年轻选民，这在当时被视为新媒体技术在政治动员中的里程碑事件。这种动员方式不仅提高了竞选活动的可见度，而且促进了与选民的直接互动。公共卫生领域也见证了新媒体技术的强大影响力。在新冠疫情期间，世界卫生组织（WHO）利用 Twitter（现更名 X）、Facebook 等社交媒体平台，发布公共卫生指导和疫情更新，迅速传播防疫知识，引导全球公众采取有效措施应对疫情，这体现了新媒体在紧急公共卫生事件中的关键作用。社会运动的组织和推广同样受益于新媒体技术。"阿拉伯之春"期间，参与者利用社交媒体平台分享现场情况、组织抗议活动、呼吁国际社会的关注和支持，新媒体技术成为运动中不可或缺的动员和沟通工具。教育领域也经历了新媒体技术的革新。大规模开放在线课程（MOOCs）平台（如 Coursera 和 edX），通过提供高质量的在线教育资源，打破了传统教育的地理和时间限制，使全球学习者都能接触到顶尖大学的课程内容，极大地推动了知识的普及和教育的民主化。

　　环境保护活动也利用新媒体技术扩大了影响力。"地球1小时"活动通过社交媒体平台呼吁全球公民参与熄灯1小时，以表达对气候变化的关注，成功地将环保意识传递给世界各地的公众。在紧急救援行动中，新媒体技术的应用提高了救援效率和响应速度。在自然灾害（如地震或洪水）发生时，救援组织通过 Twitter（现更名 X）和微信等平台发布紧急信息，协调救援资源，提高了救援行动的透明度和公众参与度。社区建设和服务也因新媒体技术而更加紧密和高效。Nextdoor 等社区应用通过提供邻里交流平台，促进了社区内的信息共享和互助合作，增强了社区的凝聚力。在消费者权益保护方面，新媒体技术为消费者提供了发声和维权的新渠道。通过在线论坛、社交媒体和博客，消费者可以分享自己的消费体验，揭露不公正的商业行为，促进了消费者权益的社会关注和保护。文化传播与推广也利用新媒体技术触达了更广泛的受众。博物馆、艺术机构和文化节通过新媒体平台进行宣传和互动，使得文化遗产和艺术作品能够跨越地域界限，被全球观众所了解和欣赏。在公益活动宣传方面，新媒体技术通过降低信息传播成本，提高了公益活动的可见度和参与度。"冰桶挑战"就是一个典型例子，通过社交媒体的快速传播，该活动成功地为"渐冻症"研究筹集了巨额资金，同时提高了公众对这一疾病的认识。

这些案例充分展示了新媒体技术在社会动员中的潜力和影响力，它不仅提高了信息传播的效率，而且促进了公众参与和社会行动的组织。随着技术的不断发展和创新，新媒体技术在社会动员中的应用将更加多样化和深入，为社会带来更加积极的变化。

（二）计算机技术

回顾 20 世纪的科技发展史，如果要选出对人类历史和社会产生最大推动和影响的技术，计算机技术无疑是首选。计算机科学作为一个相对较年轻的学科，其发展速度和影响力却异常惊人。计算机技术的诞生和演进，不仅极大地推动了科技的进步，而且深刻地改变了人类的生产方式、生活方式乃至思维模式。有学者认为，"自第三次科技革命以来，计算机技术得到了飞速发展。计算机是一种具有超强计算功能的机器，可以通过系统和软件实现诸多功能，可以代替人类完成一系列较为复杂的工作。进入 21 世纪后，人类已经离不开计算机技术和互联网技术，通过计算机技术的应用，为人类生产生活提供了极大的便利，并带来深远的影响。"[59]

电子计算机的起源可以追溯到 1946 年 2 月 14 日，美国宾夕法尼亚大学诞生了世界上第一台电子计算机——电子数字积分计算机（electronic numerical integrator and computer，ENIAC）。ENIAC 的问世，标志着人类社会正式迈入了数字时代。自第三次科技革命以来，计算机技术得到了飞速发展，其超强的计算功能和多样化的系统软件，使得计算机能够代替人类完成一系列复杂的工作。

进入 21 世纪，计算机技术和互联网技术的结合，为人类社会带来了翻天覆地的变化。计算机技术已经渗透到人们生活的方方面面，成为现代社会不可或缺的一部分。人们的生活、工作、学习、娱乐等各个方面，都已经离不开计算机技术的支持。计算机技术的应用，为人类生产生活提供了极大的便利，并带来了深远的影响。

在生活方面，计算机技术可以帮助人们记录生活、简化工作流程、丰富娱乐形式。在不同行业，计算机技术有着不同的应用形式和特点。例如，在电影行业，计算机软件技术被广泛地应用于特效制作；在摄影行业，计算机软件可以对影像进行修饰，提升画面美观度；在教学行业，教师可以利用多媒体技术生动地展现授课内容，提高学生的学习兴趣和参与度；在学习过程中，学生可以利用计算机完成资料搜索和软件学习。

计算机技术的发展是一个由封闭、不兼容转向开放、兼容的过程。平台的开放性和兼容性，对整个计算机产业的繁荣至关重要。随着计算机在家庭中的普及，人们可以足不出户地进行购物、看电影、浏览网站等活动。现在，许多政府都建立了官方网站，人们可以在家中及时了解最新的法律法规和新闻，节省了时间，提高了办事效率。

社交软件的兴起更是将计算机技术的应用推向了一个新的高度。例如，通过腾讯公司推出的社交软件"微信"，用户可以采用电话、信件等传统通信方式之外的形式实现即时性交流，通过视频技术实现与他人的实时、非在场的面对面沟通。计算机技术的兼容性与"社会动员"的广泛传播、彼此容纳的目标感极为相符，因此计算机成为"互联网社会动员"的基础性技术条件。

自 20 世纪中叶以来，计算机技术的发展已经成为推动现代社会进步的强大引擎。随着硬件性能的显著提升和软件算法的不断创新，计算机技术已经成为连接各个行业、促进知识交流和技术创新的重要桥梁。

在医疗领域，计算机技术的应用已经从简单的数据记录和存储发展到复杂的诊断支持和治疗规划。电子健康记录（EHR）的普及，不仅提高了医疗服务的质量和效率，而且为医学研究提供了宝贵的数据资源。远程医疗技术的发展，使得患者即使身处偏远地区，也能享受到专业医生的诊疗服务。此外，计算机辅助诊断（CAD）系统在医学影像分析中的应用，大大提高了疾病早期发现的准确率。

教育领域也因计算机技术而发生了革命性的变化。在线教育平台和智能教学系统的发展，打破了传统教育的时空限制，为学习者提供了更加灵活多样的学习方式。个性化学习路径的推荐，使得每个学习者都能根据自己的兴趣和能力获得定制化的学习体验。此外，虚拟现实（VR）和增强现实（AR）技术在教育中的应用，为学习者提供了沉浸式的学习环境，极大地提高了学习的兴趣和效果。

金融业是计算机技术应用的另一个重要领域。网上银行和移动支付的普及，使得金融服务变得更加便捷和高效。算法交易和量化分析的应用，提高了金融市场的透明度和稳定性。同时，区块链技术的引入，为金融交易提供了更加安全和可靠的保障。

交通领域也因计算机技术而变得更加智能化。智能交通系统（ITS）的应用，通过实时交通数据分析和处理，优化了交通流量管理，减少了交通拥堵和事故的发生。自动驾驶技术的发展，不仅有望改变人们的出行方式，而且将对城市规划和环境产生深远的影响。

制造业是计算机技术应用最为深入的领域之一。计算机辅助设计（CAD）和计算机辅助制造（CAM）系统的应用，使得产品设计和生产过程更加自动化和智能化。这不仅提高了生产效率和产品质量，而且降低了生产成本和资源消耗。同时，计算机集成制造系统（CIMS）的实施，实现了生产过程的全面信息化和自动化，推动了制造业的转型升级。

影视制作行业也因计算机技术而焕发了新的活力。计算机生成图像（CGI）技术的应用，使得电影和电视剧中的视觉特效更加逼真和震撼。数字编辑和调色技术的发展，为影视作品的后期制作提供了更多的创意空间。此外，计算机技术在动画制作中的应用，使得动画作品的创作更加高效和多样化。

零售业是计算机技术应用最为广泛的领域之一。电子商务平台的兴起，改变了传统的购物方式，为消费者提供了更加便捷和个性化的购物体验。库存管理系统和供应链管理技术的应用，提高了零售企业的运营效率和市场响应速度。同时，大数据分析技术在零售业的应用，使得企业能够更加准确地预测市场需求，优化库存结构。

农业领域也因计算机技术而变得更加智能化和精准化。精准农业技术的应用，通过卫星定位、遥感监测和数据分析，实现了农作物种植的精确管理和优化。这不仅提高了农业生产的效率和质量，而且减少了资源的浪费和环境污染。同时，智能农业设备和机器人技术的发展，有望进一步改变传统的农业生产方式。

科研领域是计算机技术应用最为活跃的领域之一。数值模拟和计算流体动力学（CFD）技术的应用，使得科学家能够在计算机上模拟复杂的物理过程和自然现象。生物信息学和基因组学技术的发展，为生命科学的研究提供了新的工具和方法。同时，高性能计算（HPC）和云计算技术的应用，为大规模科学计算和数据分析提供了强大的计算能力。

安全领域也因计算机技术而变得更加智能化和网络化。网络安全技术的发展，保护了信息系统和数据的安全，防止了网络攻击和数据泄露。视频监控和智能分析技术的应用，提高了公共场所和重要设施的安全防护能力。同时，物联网（IoT）技术在安全领域的应用，实现了设备的智能监控和管理。

航空航天领域是计算机技术应用最为前沿的领域之一。数据处理和飞行控制系统的应用，使得飞机和航天器的飞行更加安全和可靠。卫星导航和遥感技术的发展，为地球观测和空间探索提供了新的视角和手段。同时，计算机模拟技术在航空航天领域的应用，为飞行器设计和任务规划提供了重要的支持。

媒体娱乐行业是计算机技术应用最为广泛和深入的领域之一。数字音乐和电子游戏的发展，为人们提供了丰富多样的文化体验和娱乐方式。虚拟现实和增强现实技术在娱乐领域的应用，为用户创造了沉浸式的娱乐环境和互动体验。同时，计算机图形学和动画技术的发展，为电影、电视和网络视频的制作提供了更加先进的工具和手段。

计算机技术的发展，不仅推动了人工智能、大数据、云计算等新兴技术的发展，而且为人类社会带来了更多的可能性。计算机技术作为一种多功能的革新性工具，已经被广泛地应用于各个领域，推动了行业的创新和转型，提高了生活质量和工作效率，展现了其作为现代社会发展基石的重要性。

然而，计算机技术的发展也带来了一些挑战和问题。例如，网络安全问题日益突出，个人信息泄露、网络诈骗、网络攻击等事件时有发生。此外，计算机技术的普及也加剧了数字鸿沟，一些群体因为缺乏计算机技术而处于不利地位。因此，我们需要在发展计算机技术的同时，加强网络安全建设，提高公众的计算机素养，缩小数字鸿沟。

总之，计算机技术作为 20 世纪最伟大的发明之一，对人类历史和社会的影响是深远的。计算机技术的发展，不仅极大地推动了科技的进步，而且深刻地改变了人类的生产方式、生活方式乃至思维模式。随着计算机技术的不断发展和应用，我们有理由相信，它将继续为人类社会带来更多的便利和可能。同时，我们需要关注计算机技术发展中可能出现的问题，加强管理和引导，确保计算机技术的健康发展，让计算机技术更好地服务于人类社会的进步。

（三）移动通信技术

移动通信技术是互联网社会动员由 PC 互联网时代走向移动互联网时代的基础技术条件。移动通信技术彻底为社会动员的发展打破了时空的限制。只需要一个智能手机作为动员载体，就可以在任何时间、任何地点以无线的方式接入互联网，与所有在线的用户结成连接的关系，通过传递符号、文字、图像、视频、音频等形式各异的传播内容，发起或者参与社会动员活动，这种便捷性是曾经发生在 PC 互联网时代的社会动员活动无法想象和比拟的。在过去的 30 年中，通信技术得到迅猛的发展和广泛的应用。移动通信技术越来越受到人们的注意和期待，在关注移动通信技术发展的同时，对其过去的发展历史和过程有所了解，对我们研究和展望"互联网社会动员"的发展和管理是极有裨益的。

移动通信技术的发展历程是人类科技进步的一个缩影。从 18 世纪的简单传声筒到现代智能手机，通信技术经历了翻天覆地的变化。亚历山大·格雷厄姆·贝尔发明的电话，开启了人类远距离即时通信的新时代。电话技术的演进，从早期的碳粉话筒到后来的自动电话交换机，再到程控交换机和数字采样技术，每一步都深刻地影响了人类的沟通方式。

进入移动电话时代，我们见证了从 1G 到 5G 的跨越。1G 技术在 20 世纪 80 年代提出，90 年代建设完成，它代表了移动通信的起步。随后，2G 技术在 90 年代初出现，带来了更稳定的通信质量和更广泛的服务。1996 年，GSM Phase 2+ 技术的提出，标志着移动通信技术的又一次飞跃，它改进并扩展了原有技术业务和性能。3G 技术的提出，是国际电信联盟在 1985 年的一张宏伟蓝图，旨在建立一个全球标准的移动通信系统。4G 技术的出现，集合了 3G 和无线上网技术的优势，能够传输高质量的视频图像，实现了与高清晰度电视相媲美的图像传输质量。移动互联网的普及对社会动员产生了深远的影响。智能手机的广泛使用，使得人们可以在任何时间、任何地点接入互联网，参与社会动员活动。这种便捷性，是 PC 互联网时代无法比拟的。移动互联网还推动了社会动员在传播规模、传播速率、传播互动等方面的发展。例如，2010 年海地地震后，人们通过 Twitter（现更名 X）和短信服务传递救援信息，展示了移动通信技术在紧急情况下的重要作用。5G 技术的商用化进一步推动了社会动员的变革。5G 技术以超高速率、超低时延和超大连接数的特点，为社会动员带来了更多的可能性。例如，5G 技术支持更大规模的在线协作，使得社会动员活动更加高效和协调。同时，5G 技术也推动了物联网的发展，实现万物互联，为社会动员提供了更丰富的数据和更智能的决策支持。此外，5G技术还促进了虚拟现实、增强现实等新兴技术的应用，为社会动员带来了更加沉浸式的体验。

5G技术作为新一代的移动通信技术，为社会动员带来了前所未有的变革。其高速率、低延迟、高可靠性和广泛的连接能力，使得信息传播更加迅速和实时，极大地提升了社会动员的效率和互动性。在智能监控和安全预警方面，5G支持的高清视频流和实时分析为社会安全管理提供了强有力的技术支持。虚拟现实和增强现实技术结合5G网络，为动员演练和教育培训提供了沉浸式体验。物联网通过5G网络实现了更广泛的应用，如智能交通系统和环境监测，为社会动员提供了实时数据支持。远程医疗服务利用5G网络实现专业医疗指导，在线教育和培训也因5G技术的高清视频和实时互动而变得更加高效。智能交通系统的优化、无人机技术的空中监控和搜索救援、大数据分析的科学决策支持，以及社交媒体和通信应用的广泛信息传播，都是5G技术在社会动员中的典型应用。紧急响应和灾难救援中快速部署的通信设施、智能城市建设的城市管理效率提升，以及云服务和边缘计算的数据处理能力，进一步强化了社会动员的智能化水平。数字标牌和户外广告通过5G网络的高清内容传输吸引公众注意力，移动医疗设备和健康监测设备的实时数据传输为社会动员中的健康管理提供了精准和及时的支持。随着5G技术的不断成熟和普及，其在社会动员中的应用将更加广泛，为构建高效、智能的社会动员体系提供了强大的技术支撑，预示着社会动员方式的根本变革。

通信技术的发展和未来全球经济的增长以及信息化的繁荣息息相关，同时推动着社会动员在传播规模、传播速率、传播互动、传播内容、传播平台等方面的发展。移动通信技术作为互联网社会动员的重要基础，其发展历程和未来趋势对社会动员的影响深远。从1G到5G，每一次技术的飞跃都为社会动员带来了新的机遇和挑战。

（四）互联网技术

互联网的起源可以追溯到 20 世纪 60 年代美国的阿帕网（ARPANET），这一网络最初是出于军事目的而建立的，其设计思想深受冷战时期对抗思维的影响。然而，随着时间的推移，互联网逐渐摆脱了单一的军事应用，其演进与崛起得益于和平与发展的时代主题，以及去中心化的网络协议。特别是 1983 年，美国军方将互联网以纳税人的名义贡献给全社会，这一历史性的举措，标志着互联网开始进入民用领域，并逐渐普及至全球。

1994 年，互联网商业化的浪潮开始兴起，这一年被认为是互联网商业化元年。当时，网景公司（Netscape）与雅虎公司（Yahoo）声名鹊起，它们的成功开启了互联网公司的商业化之路。同年，中国也正式接入互联网，这标志着中国开始参与到全球互联网的大潮中。1995 年，网景公司的上市让全美投资者目瞪口呆，其股价在短时间内飙升，展示了互联网商业化的无限潜力。1996 年，雅虎公司的上市又让全世界投资者热血沸腾，互联网的商业价值得到了全球的认可。互联网商业化的成功，吸引了大量的风险投资进入这一领域，创造了谷歌（Google）、新浪（Sina）、搜狐（Sohu）、腾讯（Tencent）、京东（JD.com）和阿里巴巴（Alibaba）等一系列知名的互联网公司。这些公司的成功，不仅推动了互联网技术的快速发展，而且促进了互联网商业模式的创新。然而，互联网的快速发展也带来了一些问题，2000 年，互联网泡沫在美国破裂，许多互联网公司倒闭，纳斯达克指数大幅下跌，这一事件给互联网行业带来了深刻的教训。

虽然 2000 年的互联网泡沫破裂对全球互联网行业产生了影响，但中国互联网行业却呈现出不同的发展态势。1998 年，中国成立信息产业部，开始大力推动信息化建设。2000 年，中国的百度公司成立，其搜索引擎技术的发展，为中国互联网用户提供了更加便捷的信息获取方式。在美国互联网公司倒闭潮后，中国电子商务协会成立，网易、搜狐与新浪等中国互联网公司开始赢利，显示出中国互联网行业的韧性和发展潜力。2004 年后，互联网技术开始了新的腾飞。互联网商业模式创新不断涌现，博客、微博、商城、社交网、手游、免费杀毒、"双十一"等新型商业模式相继出现，推动了互联网经济的快速发展。然而，2011 年，团购泡沫在中国互联网市场破裂，这一事件再次提醒人们互联网行业发展的风险。

在互联网技术发展过程中，智能手机和移动操作系统的出现，加速了移动互联网的发展。2007 年，苹果公司（Apple Inc.）推出了第一代 iPhone 智能手机，其搭载的 iOS 移动操作系统，为用户提供了全新的移动互联网体验。同年，谷歌推出了 Android 移动操作系统，这一系统以开放性和灵活性，吸引了众多手机制造商的加入，推动了智能手机的普及和移动互联网的发展。2011 年，第三方支付开始挑战传统银行的金融地位。支付宝、微信支付等第三方支付平台的出现，为用户提供了便捷的在线支付和转账服务，改变了人们的支付习惯，也对传统金融行业产生了深远的影响。

物联网和云计算成为中国政府的两大信息化战略决策。物联网技术的发展，使得各种设备能够互联互通，实现了智能化的管理和控制。云计算技术的应用，为互联网企业提供了强大的数据处理和存储能力，推动了互联网服务的创新和发展。互联网的普及和发展，集聚了传统商业难以快速集聚的人气，也集聚了规模宏大的数据。免费模式和用户创造内容（UGC）模式的应用，给网商带来了巨大的考验和财富。大数据技术的发展，使得互联网企业能够更加精准地分析用户需求，提供个性化的服务。2012 年被认为是中国大数据元年。中国不仅开始国家大数据战略，而且开始了中国智慧城市建设的试点申请。网民开始创造和管理自己的数据，网商收集、分析和挖掘网络数据，国家则关注着庞大数据形成的经济效益、管理效率和安全问题。2012 年，出现了一款新的 O2O（online to offline，线上与线下相结合）服务软件——滴滴打车。其烧钱推广模式史无前例，至今也算修成正果。这一服务的出现，不仅改变了人们的出行方式，而且推动了移动互联网服务的创新和发展。2015 年 3 月 5 日，在第十二届全国人民代表大会第三次会议上，国务院总理李克强在政府工作报告中提出国家要制定"互联网+"战略。这个定义在含义上广泛而准确，既包含物联网、云计算和大数据，也包括团购与O2O；既包括工业企业变革，也包括新兴农业革命。"互联网+"战略的提出，标志着中国政府对互联网经济发展的高度重视和支持。

通过对中国互联网发展轨迹进行调研可以得知，互联网商业化的进程与互联网社会动员的图谱有重叠的关系。市场经济的发展推动了网络的繁荣，两者的合力影响了互联网社会动员的发展态势和演进水平。互联网技术的普及应用，不仅改变了人们的生活方式，而且重塑了社会经济的运行模式，为社会文明的繁荣提供了崭新的技术手段和多元的发展契机。

互联网的发展是一个不断演进和创新的过程。从阿帕网的军事应用到全球普及的民用网络，从互联网商业化的兴起到大数据和智慧城市的建设，互联网技术的每一次飞跃都为社会带来了深刻的变革。随着技术的不断发展和应用，我们有理由相信，互联网将继续为人类社会的发展提供强大的动力和广阔的空间，推动社会朝着更加开放、共享、协作的方向发展。同时，我们需要认识到，互联网的发展也带来了一系列挑战和问题，如网络安全、隐私保护、数字鸿沟等。这些问题需要我们共同努力，通过技术创新、政策制定、教育普及等手段来解决。只有这样，我们才能确保互联网技术的健康发展，让互联网更好地服务于人类社会的进步和繁荣。

（五）中国互联网发展的四个阶段

媒介技术是区分人类社会不同历史阶段的鲜明标志。在中国接入国际互联网的30年间，我们经历了互联网技术模式的更新换代。在这场旷日持久的信息化浪潮中，可以从媒体和传播的角度将互联网发展划分为四个阶段。中国互联网发展的四个阶段见表3-1。在这四个阶段，社会动员活动借势互联网每个阶段的代表性应用，在各自不同的阶段和年代产生了特点各异、影响不同，但共同具有互联网传播特质的动员案例。

表 3-1　中国互联网发展的四个阶段

技术阶段	年份	代表媒体应用	历史性作用	代表性动员案例
初始阶段	1994—1998 年	新闻组、电子论坛	开启了互联时代	清华大学朱令铊中毒，大连金州没有眼泪
Web 1.0 时代	1999—2004 年	门户网站、新闻网站	奠定了网络媒体的地位	非典（SARS）期间信息共享活动、关爱孤寡老人公益行动
Web 2.0 时代	2005—2009 年	博客、播客	造就了自媒体的局面	华南虎事件，汶川地震网络救援与爱心传递
Web 3.0 时代	2010 年至今	抖音、快手、微博、微信、移动客户端	开创了社会化媒体和媒体社会化的局面	"大爱清尘"拯救尘肺病人，"冰桶挑战"公益活动

　　万维网（WWW）无疑是互联网领域中最为关键的核心部分。在当今数字化时代，它宛如一座无形的桥梁，将世界各地的人们紧密地连接在一起，使人们能够轻松地接入既神秘又充满无限可能的互联网虚拟世界，进而实现高效的沟通与广泛的互联。正因为其在互联网体系中所具有的如此至关重要的地位和作用，所以完全可以被视作互联网的代名词。

　　回顾往昔，1990 年堪称是具有划时代意义的一年。在这一年，伯纳斯·李正式发布了构架万维网的三大基本技术，这一举措犹如一块投入平静湖面的巨石，瞬间激起了千层浪花，从此互联网大步迈进了全新的 Web 时代。当 Web 技术刚刚崭露头角时，它所呈现出的内容宛如一阵清新的春风，给广大网民带来了耳目一新的感觉。它开创性地结合了音频、视频、图像等多种元素，巧妙地运用多媒体模式，为网民打造了一种前所未有的视觉享受。这种独特的魅力使得 Web 自面世以来，便以惊人的速度引起了人们广泛的关注。其发展势头之迅猛令人惊叹不已。到 1997 年，全球互联网数量已经达到 100 万个。这一数字仿佛是一个有力的见证，向世人展示着 Web 技术令人瞩目的影响力。而随着时间的继续推移，到 2000 年时，全球互联网数量更是突破了 1000 万个大关。如此迅猛的增长态势，充分证明了 Web 技术在全球范围内的广泛普及和深入应用。

在万维网发展历程中，Web 1.0 作为其第一代模式，具有独特的历史地位和特点。Brian（2007）曾明确指出："根据 Berners-Lee，Web 1.0 是只读模式的网络。"在 Web 1.0 时代，其一开始主要是为大型企业、商业公司服务。这些企业或公司充分利用这一新兴的网络技术，将企业或公司信息精心搬运到网上，以此向广大的潜在客户和社会公众进行广泛的宣传。从本质上说，Web 1.0 呈现出静态、单项的特征。比如，当时许多大型商业公司会通过网络把它们精心打造的产品信息发布到网上。而广大的消费者则可以通过网络便捷地浏览这些丰富的信息。一旦客户对其中的某件商品产生了浓厚的兴趣，便可以通过相应的方式和公司取得联系，进而进行深入的沟通和交易洽谈。然而，不得不承认的是，在这一时期，Web 1.0 的用途还相当有限，其主要功能只是停留在简单的信息检索层面。Web 1.0 的主要协议包括 HTTP、HTML 和 URI 等，这些协议为 Web 1.0 的稳定运行和信息传递提供了坚实的技术支撑。但遗憾的是，Web 1.0 只解决了人们对于信息搜索、聚合的需求，而在人与人之间的沟通、互动和参与方面，却未能提供有效的解决方案。

随着互联网技术的不断发展和网民需求的日益多样化，这种局限性逐渐凸显出来。人们不再仅仅满足于被动地获取信息，而是渴望能够更加积极主动地参与到网络世界中，与他人进行深入的沟通和互动。因此，为了满足广大网民日益增长的需求，对于二代网络的开发已然迫在眉睫。在这样的背景下，Web 2.0 应运而生。它是相对于 Web 1.0 提出的一个崭新概念，并且在 2003 年和 2004 年迅速成为行业内的热门词。与 Web 1.0 相比，Web 2.0 发生了翻天覆地的变化。其中，最大的改变在于 Web 2.0 不再是单维的，而是逐渐发展为双向交流。这意味着网民不再是单纯的信息接收者，他们同时成为信息的创造者和传播者。另一显著特征是社交网络的兴起。在 Web 2.0 时代，各种社交平台如雨后春笋般涌现，人们可以在这些平台上自由地分享自己的生活点滴、观点见解和各类信息。例如，Facebook、Twitter（现更名 X）等社交平台在全球范围内吸引了数以亿计的用户。用户可以在这些平台上与亲朋好友保持密切的联系，结识来自世界各地的新朋友，共同参与各种话题的讨论和互动。

在技术层面，Web 1.0 主要依赖于 HTML 语言，其最大的缺陷是交互性差。在 Web 1.0 时代，用户每提交一次数据，都不得不停下来耐心等待互联网的响应。在网站出现响应之前，用户只能无奈地面对一个空白网页，无所事事，这种体验极大地影响了用户的使用感受和效率。然而，这一缺陷在 Web 2.0 上市后得到了很好的解决。Web 2.0 采用了更加先进的技术和架构，使得数据的传输和处理更加迅速高效，用户与网站之间的交互变得更加流畅自然。随着技术的不断进步，Web 3.0 又悄然登场。

Web 3.0 实现了网络的高度虚拟化，为网民提供了更大的自由空间。在这个全新的网络时代，它更能充分地体现网民的自我需求，展现出高度的个性化、互动性以及更加深入全面的软件应用。在内容方面，Web 3.0 为读者提供了更多的阅读渠道。与 Web 1.0 和 Web 2.0 相比，其内容也更加丰富多样。无论是新闻资讯、学术研究、文学作品还是娱乐视频等，用户都可以在 Web 3.0 中轻松地找到满足自己需求的内容。同时，Web 3.0 实现了网络融合的大众化，公用显示器与个人应用终端实现了通用。这意味着用户可以更加便捷地在不同的设备和场景之间切换，随时随地享受网络带来的便利。可以毫不夸张地说，Web 3.0 是一个更具个性化特点的网络。它为用户提供了个性化的用户体验和个性化配置。比如，用户可以根据自己的喜好和需求，对网页的布局、颜色、字体等进行自定义设置，打造出专属于自己的网络空间。另一方面，Web 3.0 处处为用户着想，将用户的喜好作为软件开发的主要动因。在网络搜索方面，Web 3.0 引入了个人信息偏好处理系统和个性化搜索引擎。这些先进的技术手段会对个体用户进行特征分析，深入了解用户的搜索习惯、兴趣爱好等信息，同时对整个互联网的搜索习惯进行全面的整理和归类。最终，通过对海量数据的分析和处理，得到更适合网民需求的搜索平台。

在这样的搜索平台上，用户可以在极短的时间内找到自己需要的信息资料，极大地节省了时间和精力。这种个性化引擎的建立，是以网民偏好为基础的。为了满足特定用户的需求，需要进行信息的大聚合，将大量的个性化信息进行整合和分析。而正是这种大量的个性化信息的聚合，造就了新的搜索引擎的面世，为用户带来了更加智能、高效的搜索体验。

总之，从 Web 1.0 到 Web 2.0 再到 Web 3.0，万维网经历了一次又一次的变革和升级。每次进步都为人们的生活带来了深远的影响，也推动着互联网技术不断向前发展。

（六）工具理性的网络文化价值观

媒介技术的革新宛如一股强大的力量，持续推动着社会环境的深刻嬗变。在技术与社会之间，犹如交织着一张复杂而又精妙的网络，其中闪耀着丰富多样的人类经验性内容，涵盖了文化制度、意识形态、生活方式等诸多方面。互联网，作为现代信息科学技术领域崭新且璀璨的成果，其诞生与发展并非孤立的，而是受到了一系列复杂社会因素的有力推动。在与使用者于多元社会情境的频繁交互之中，互联网逐渐形成了一种有别于以往的独特媒介形态。互联网对于中国社会发展更重要的意义，在于它对中国社会进程的深层影响，而这种影响在很大程度上表现为网络文化的影响。互联网兼具文化的深远意义与强大功能，网络文化正是信息技术的巨大张力在全社会广泛应用的必然产物。如今，越来越多的社会信息、文化观念、人际交往、休闲娱乐等原本属于现实社会的事务与活动，纷纷依凭互联网所精心创建的数字世界来进行传播和达成。

在此坚实的基础之上，互联网宛如一台充满无限创造力的神奇熔炉，孕育出包括网络文化行为、网络文化产品、网络文化事件、网络文化精神在内的各类崭新的文化现象。这些文化现象犹如一颗颗璀璨的星，对人类早已熟谙的社会结构和生存环境产生了极为深远的影响。它们如同无声的细雨，悄然地渗透进社会的每个角落，改变着人们的思维方式、行为习惯以及价值观念。在这复杂而又多元的网络文化景观之中，数字化手段犹如一把神奇的钥匙，激发了现实世界和虚拟世界的多种奇妙组合。互联网社会动员作为其中一种极具代表性的组合形式，展现出与传统社会动员截然不同的鲜明特质。而这些特质在很大程度上与它所借助的先进数字技术工具紧密相关。在媒介情境论中，有这样一种深刻的观点："真正不同的行为，需要真正不同的情境。"[60]媒介的变化如同一根神奇的魔法棒，通过改变社会情境的类型，促使人们的行为也随之发生相应的变化。因为行为的发生往往需要适合具体的情境，而互联网社会动员新的网络情境的产生，必然要求人们采取全新的行动。

这种行动轨迹呈现出一种独特的模式，即从现实世界踏上网络世界的奇妙旅程，在网络世界中进行一系列的活动和交互，最后又回到现实世界，从而实现了情境的多元整合。刘同舫在《网络文化的精神实质》中提出："网络文化是一种理性文化，更是一种工具性文化，工具理性是网络文化的现代性精神特质。"[61]在不断的流动与变化之中，互联网社会动员鲜明地显示出网络理性和工具性的文化行为特征。

网络理性承袭了现代理性精神的特质，将自由、自主、民主、和平等作为其核心理念。这些核心理念犹如明亮的灯塔，赋予互联网社会动员实质性的精神内容，使其拥有了深厚的内涵和价值。工具性则充分体现了富于理性精神的个体的目的性，清晰地展示了其在互联网社会动员运行过程中的价值追求。因此，互联网社会动员所产生的行为，实际上是使用者针对自身需要的满足和意图的实现所施行的具有自主意义的手段。在这个过程中，使用者可以灵活地控制互动的时间和速度，根据自身的需求和实际情况进行调整和安排。

与传统社会动员被动地寄身于集体性文化空间的现象形成了鲜明的对比，互联网社会动员既是主体性文化，又是目的性文化。它是以工具理性为精神特质来反映现实和网络之间关系的独特媒介形式。互联网用户对社会动员富有工具理性思维的实践，宛如一阵强劲的春风，使网络文化的差异性、创新性、独立性等重要特质得到了社会的广泛认同。在这种认同的推动下，一种别具特色的互联网社会动员文化应运而生。

互联网社会动员作为一种充满活力的工具理性的文化形态，犹如一座坚固的桥梁，贯通了真实世界和虚拟世界。它能够便捷地实现异地远程的仪式及非仪式连接。例如，在跨国的网络会议中，来自不同国家和地区的人们可以通过互联网轻松地进行沟通和交流，共同完成会议的各项议程，实现远程的仪式性连接；在一些在线公益活动中，身处不同地域的人们可以通过网络平台共同参与，为公益事业贡献自己的力量，这便是非仪式性连接的生动体现。

由此，互联网社会动员极大地扩张了差异文化背景下个体间的互惠传播。不同文化背景的个体可以通过互联网社会动员这一平台，分享彼此的文化、观念和经验，促进相互之间的理解和尊重。比如，在一些国际文化交流活动中，不同国家的网友可以通过网络平台展示自己国家的文化特色，分享文化成果，增进彼此对不同文化的认识和了解。同时，互联网社会动员有力地推动了不同个体既有价值观的对话与理解。在网络讨论社区或在线论坛中，人们可以就各种社会问题、价值观念展开深入的讨论和交流。在这个过程中，不同个体的价值观相互碰撞、相互融合，促进了人们对多元价值观的包容和理解。

互联网社会动员在充分肯定使用者创造性的基础之上，愈发凸显出自身在促进个体自主性和文化形态变迁过程中的关键作用。在互联网社会动员平台上，使用者的创造性得到了极大的激发和释放。例如，一些自媒体创作者通过网络平台发布自己的原创作品，展现自己独特的创意和才华，这些作品不仅丰富了网络文化的内容，而且为其他使用者提供了新的视角和启发。同时，互联网社会动员为个体自主性的发展提供了广阔的空间。个体可以根据自己的兴趣、需求和价值观，自由地选择参与各种社会动员活动，表达自己的观点和诉求，实现自身的价值。

在文化形态变迁方面，互联网社会动员扮演着重要的推动者角色。它通过传播新的文化观念、文化形式和文化产品，引发人们对传统文化的反思和创新，促进文化的融合与发展。比如，网络流行文化的兴起，就是互联网社会动员推动文化形态变迁的一个典型例子。网络流行语、网络音乐、网络文学等新兴文化形式通过互联网社会动员迅速传播，对传统的文化形态产生了冲击和影响，推动了文化的创新和发展。

此外，互联网社会动员还对社会结构和社会关系产生了深远的影响。它打破了传统社会动员的地域限制和组织界限，使人们可以更加自由地组织和参与社会活动。在一些社会公益活动中，通过互联网社会动员，来自不同地区、不同阶层的人们可以迅速集结起来，形成强大的社会力量，共同推动社会问题的解决。同时，互联网社会动员促进了社会信息的流通和共享，增强了社会的透明度和公正性。在教育领域，互联网社会动员也发挥着重要的作用。在线教育平台通过互联网社会动员，将优质的教育资源传播到更广泛的地区和人群，打破了教育资源的地域限制，促进了教育公平。同时，学生和教师可以通过网络平台进行互动和交流，共同探讨学习问题，提高学习效果。在经济领域，互联网社会动员为创新创业提供了新的机遇和平台。创业者可以通过网络平台进行项目推广和融资，吸引更多的资源和支持。同时，消费者可以通过互联网社会动员参与产品的设计和评价，推动企业不断创新和改进产品。

总之，互联网社会动员作为一种新兴的社会现象，以其独特的工具理性文化形态，在贯通真实世界和虚拟世界、促进个体自主性和文化形态变迁、推动社会结构和社会关系变革等方面发挥着至关重要的作用。随着互联网技术的不断发展和普及，互联网社会动员的影响力将日益扩大，为社会的进步和发展带来更多的机遇和挑战。我们应当充分认识到互联网社会动员的重要性，积极引导和规范其发展，使其更好地服务于社会和人民。

二、关于去中心化的遐思与反思

互联网初期的拓荒被赋予浪漫的期许，任谁也无法忽视奇异技术与人类生活二者邂逅所引发的魅力。然而，互联网的崛起并非单凭信息技术的独自建构来实现的。除此之外，"学术价值、反文化价值和公共服务价值结合起来，重塑了一个开放的公共空间，这是一个去中心化的、多元的和互动的空间"[62]50。在政府、私人部分和公民社会等多重因素的共力中，人们对互联网的认识逐步深入，即对其定位已由"工具"至"渠道"再到"基础设施"。毫无疑问，互联网正在加速重构现实社会的物质基础。但与此同时，对诸如自由、平等理念的伸张亦是互联网肩负的重要使命和愿景。为舒展自由与平等的能量和范围，便需压缩中心化的权力空间，消除中心化结构促成的"资源不对称"的症结。在互联网时代，个体作为鲜明的社会节点，首次拥有了自治的传播权利和去中心化的解构能力，自我表达和自由连接的行动汹涌澎湃，传统媒体及其他权威机构的中心属性受到猛烈冲击。由此观之，用户个体层面的去中心化彰显了一种建立在网络技术基础上的社会变迁，同时表征出当下社会的一种群体情绪。然而，个体对网络深度的使用依赖，以及商业化垄断对于个体的强度规训，造成始料未及的网络中心化倾向。英国学者雷蒙德·威廉斯（Raymond Williams）认为，"在许多情况下，技术往往会催生原先并未预料到的使用情况与效果，它们也是对于初始意向的真正的修正。"[63]并非所有技术上的改变都是正面且积极的修正，因此我们需要正视和警惕中心化倾向对于互联网去中心化特质造成的异化。

去中心化作为有关政治、文化和话语范式的权力现象，是理解社会结构和文化形态的重要切入点，近来一度成为学界和业界的共识，令不少网络用户对自由、平等、开放的公共领域产生了憧憬和遐想。去中心化并非对信息技术的异想天开，而是渊源有自，它滋养于罗伯特·凯恩和文顿·瑟夫提出的 TCP/IP 协议。这一协议是互联网体系结构的重要技术规范，因嵌入公共精神、无限扩张和分布模式的价值理念而建构了去中心化的理论根基。正由于此，去中心化被寄予驱除权威、强调自我、主张平等的社会职守和意向。

"流行语的'去中心化'反映了媒介技术创新下社会变迁的'去中心化'趋势。"[64] 对于去中心化的特征，我们不能单从字面上做简单解读，而是要透析其基于技术范式的实质表现。从严格意义上讲，去中心化并不是要遏绝中心、制造无序，而是要给予广域的节点自由选择中心的权力，实现中心的多元化，形成保罗·莱文森笔下描述的"处处是中心，无处是边缘"的新型网络权力结构。也就是说，在去中心化的生态和机制之内，任何节点都可以成为中心，但一切中心都不是永久的、固化的，它们只是阶段性的信息核，对于其他节点来说并不具备强制性的作用，节点与节点之间始终交织着平行对等、广泛连接、积极交互的社会关系。英国哲学家托马斯·霍布斯认为，"文明社会的核心在于，人们彼此之间要建立连接关系。这些连接关系将有助于抑制暴力，并成为舒适、和平和秩序的源泉。人们不再做孤独者，而是变成了合作者。"[46]313 合作互动是极有价值的社会资源，利于将个体从孤立的单元蜕变为枢纽的节点。互联网去中心化特征的重要意义之一就是产生大量的高度互联，这一意义将为社会文明的演进注入群体聚合的驱动。需要强调的是，去中心化并非网络信息体系结构的终极归属，因为"'去中心化'是信息传播在技术进步的环境下的发展趋势，更是信息由'中心化'向'泛中心化'发展的必经阶段"[65]。由此可见，由于每个人都有利用网络去中心化的技术特性使自身成为中心的可能性，我们终将步入一个泛中心化的网络信息生态。

"互联网固有的矛盾力量既允诺分散又奖赏集中，既迷信开放又鼓励专利。"[62]105 正由于此，目前有一些研究者对于去中心化的"电子乌托邦"提出质疑并进行了审慎的评断，认为这是一种理想化的理论承诺。例如，有学者认为，"网络文化在表层的去中心性下潜藏着深层的话语中心性，在表层的话语自由和狂欢下潜藏着深层的话语的不自由和不平衡"[66]；另有学者表示，"因经济和政治等因素影响，互联网在现实中表现为去中心化与中心化共存，即信息表达的去中心化与网络传播的中心化同时存在"[67]。此外，还有学者反思，"互联网消解了原有的集中化权力中心之后，却并没有消解权力以新的形式存在。新的权力结构产生了更加多样化的权力。"[68]综上所述，强制性的中心控制功能是判断中心化的关键指标。即在互联网泛中心化生态中，节点若不强制他者，其就是去中心化属性的中心；而一旦节点对他者造成约束和规训，其无疑就是中心化属性的中心。对于互联网去中心化现象的反思，在于从宏观的网络演进态势，而非微观的用户网络操作的角度，指出互联网去中心化的诉求受到两个方面的阻力。首先是在内在消解层面，即网络与用户的非良性融合是对去中心化特征造成侵犯、将其导向再中心化的内部动因；其次是在外在制约层面，即映射现实资源不平衡的商业垄断，是招致互联网去中心化特征发生异化的外部因素。

三、内在中心化：数字化依赖

互联网颇像一个反向的潜望镜，可以将不同语境下常态社会中难以观测的景物加以映现，闪耀出色彩各异的旖旎景象。互联网固然是以全球理解为预期、以无际互动为特征的新兴媒介，但其在本质上是多维的，既有全球的一维，也有中国的一维。1994年互联网初抵中国，时至今日已经彻底融入本土语境，成为社会环境的关键要素，其发展令人惊讶，其潜能令人期待，其现实问题亦需反思。

中国互联网络信息中心 2024 年 3 月发布的《第 53 次中国互联网络发展状况统计报告》显示：截至 2023 年 12 月，我国网民规模达 10.92 亿，互联网普及率达 77.5%；手机网民规模达 10.91 亿，网民使用手机上网的比例达 99.9%；中国网民的人均每周上网时长为 26.1 小时[33]，互联网用户规模和移动网络接触时长较往年相比，呈现出攀升的态势。有关数据表明，对于人们来说，数字化生存越来越成为日常生活的重要组成部分。购物、订餐、聊天、出行、玩游戏、看视频、听小说、读新闻、刷微博、发邮件、晒动态、查路况……网络因技术特性和去抑制化的作用而变得无孔不入。崭新的社交、行为、生活、期待等相继展开。以手机、计算机和互联网为代表的新信息技术全方位地渗入日常生活场景，成为人们须臾不可抛舍的社会化工具。"正如利文斯通（Livingstone，1999）所言，我们再也无法想象在闲暇时间或在家里没有媒介和传播技术的日子。"[69]技术革命的扩散无止境地延展着媒介的适用情境，"媒介和时间在今天已然不可分割，媒介塑造新的时间观念、形成人们新的时间行动框架"[70]。互联网所产生的最令人不安的媒介后果是，它悄无声息地渗透进我们的生活环境，以极具隐蔽性的方式对时间的感知、观念的形成和生活的安排等产生多维度的深刻影响。据统计，"2013年全球共有18.3亿部智能手机，每位手机用户平均每天查看150次手机。换言之，除了休息时间外，每人平均每6分半钟查看一次手机。"[71]2018年《国民手机用眼行为大数据报告》显示，"在参与调查的数万名网友中，平均每天看电子屏时长近6个小时，占全天时间的24%；每天使用手机的次数达108次，即一天24小时中，每13分钟就会使用一次手机。"[72]2023年《第二十一次全国国民阅读调查报告》显示，"在数字化媒介中，成年国民人均每天手机接触时间最长。2023年我国成年国民人均每天手机接触时长为106.52分钟。"[73]同年，由爱尔眼科发布的年度《国民手机用眼行为大数据报告》显示，"7.53亿手机网民""平均每天看电子屏时长超5.8小时"[74]。可见，网络不仅因为改变时空关系而延伸了人的感知能力，甚至已经以智能手机为载体，变成人体的外接器官。智能手机因聚合众多与个人密切相关的应用程序而变得不可或缺，人们被屏幕围绕和控制，闯入了尼古拉斯·卡尔笔下的玻璃笼子："在未来几年里，我们好像如果不借助某一种计算机或者屏幕的话，似乎就不太能做一些具体的事情。"[75]人能否脱离智能手机网络而安然自若，已经成为一个生存问题。这个问题的难点不在于我们使用网络干什么，问题在于我们正在使用网络。网络进入身体是信息科技界的目标之一，可穿戴设备使技术与人互动的方式趋向多元化。人对外部世界和内在自身的理解越来越遵循网络的技术逻辑，网络通过催生心理及生理依赖，影响个体的时间构成、生活方式、存在方式和思维方式。

毫无疑问，时间指向等级化，它是一种特殊的资源。谁控制了时间，谁就掌握了资源；谁掌握了资源，谁就占据了中心。由于整体时间的有限性，数字化生存的规模会影响人们对于其他场景时间的分配，网络接触时长的扩张无疑将导致凝结于线下行为的时间受到挤压和侵占。时间资源的不对称正在凸显互联网媒介中心化的趋势，使其取代尼尔·波兹曼认为电视所具有的"元媒介"的地位，即"一种不仅决定我们对世界的认识，而且决定我们怎样认识世界的工具"[76]。互联网正以一种润物无声的方式填补时间的空隙，人们对互联网的依赖受制于被互联网控制的程度。伊尼斯认为，"媒介对社会形态、社会心理都产生深刻的影响。"[77] 不同于将互联网视为一切技术的终极版，是压倒一切、无坚不摧的"互联网中心主义"，本书所述的互联网媒介中心化的表征恰恰是网络自身在去中心化特征基础上的自我异化，即个体误用互联网产生了严重的媒介依赖，使互联网可以重组及霸占个体时间资源，进而对个体生理、心理和社会生活等维度造成规约和束缚。

四、外部中心化：商业化垄断

在推广和普及互联网的进程中，商业化扮演了至关重要的角色。受益于中国庞大的人口基数和消费需求所指向的巨大的经济效益，互联网催生了一种媒介经济，社会资本蜂拥而至，形成一个超级卖场。纵目而望，商业网站此起彼伏，虚拟店铺鳞次栉比，生活商品琳琅满目，新奇服务应有尽有，免费与有偿的供应方式遥相呼应，网络与现实的社会结构相互融合。商业化使互联网的性质和格局发生了巨大的变化，亦使其自身成为兼具建设能力和破坏潜力的变革性工具。因此，面对广阔无垠的虚拟空间，我们目之所及并非皆是丰饶与和谐，网络谣言、犯罪、越轨、欺凌、色情等种种负面行为不胜枚举，去中心化的愿景遭受严重的侵扰和毁坏。

商业化天然追逐利润的最大值，垄断体现在对其他竞品的制约，互联网正是可以实现这种市场目标的绝佳结构和手段。在以往工业化时代，寡头形成于对生产资料和生产工具的垄断，而在由互联网成就的信息化时代，对信息和数据的把持培育了新的寡头。信息垄断实质上映射资本的经济实力，本就是一种商业失范，它会损害互联网开放与合作的根基，干扰互联网多样化和自由化的体系结构，成为与去中心化精神相互排斥的社会现象。以媒体行业为例，"从工业化时代的中心化传播，到互联网时代的去中心化传播，到今天的再中心化传播，媒体生态格局发生了巨大的变化。"[78]在社会化网络创新与应用的加速进程中，主流媒体也着手在网络空间中圈地殖民，与单枪匹马的个体相比，无疑占据着大量的人员、内容、资本和技术储备，使资源有限的个体难以发动有效的挑战和竞争。由此可见，互联网去中心化的特征非但没有导致垄断行为的消解；相反，我们遭遇的是高度集中化的市场门类及其造成的商业失范。"如果说谷歌因搜索垄断被罚事件是全球互联网发展过程中商业伦理失范的一个缩影，那2016年发生的魏则西事件则折射出这种失范的严重性。"[79]

商业失范作用下的网络中心化正在干预网络信息的正常呈现、扰乱网上传播秩序，干扰了网络生态中网民自发、合规、合法且符合舆论规律的信息联络与情感动员。2020年6月10日，"国家互联网信息办公室指导北京市互联网信息办公室，约谈新浪微博负责人，针对微博在蒋某舆论事件中干扰网上传播秩序，以及传播违法违规信息等问题，责令其立即整改，暂停更新微博热搜榜一周。"[80]面对正在遭受市场规训、被迫发生质变的互联网，万维网之父蒂姆·伯纳斯·李不无担心："互联网正在受到各种威胁。一些最成功的网民已经开始削弱其初创的原则。大型社交网站正在用高墙将自己用户帖子的信息围起来，不让其他网民分享。无线网络供应商受利益驱使，故意迟滞他们不能盈利的网站的信息流。"[81]数字公民根本无法摆脱信息垄断的规制而完全自主，其非但无法抗拒因互联网经济消费模式而起势的中心化螺旋，甚至连其自身基于线上的活动和行为都被商品化，弱者不可避免地成为强者的流量、资本和资源。通过对互联网"泛中心化"媒介偏向的误用，具有强制性的中心控制功能的核心节点大量产生，互联网的整体演进正在遭受商业化垄断和失范的侵蚀。

五、网络中心化催生的网络病灶

社会变革是社会对新传播技术的回应，而新信息技术时常造成出乎意料的后果。"发明者的意图、推广者的期待，在很大程度上与媒介的用途和影响都没有关系"[82]，于是，我们见证了寄予人类美丽遐想的网络去中心化受困于逞强制之威的中心化。如上所述，网络中心化的成因，在内为个人对网络的倚赖，在外为商业异化对泛中心化的误用。互联网的影响要经过个体和社会的双重过滤，以及由这两者合力产生的外部语境过滤。"环境作为一个物质—文化领域，它吸收了全部行为及其反应，由此才汇聚成人类生活的汪洋巨流，其中跳跃着历史、社会的浪花"[83]，它既能发挥互联网技术的潜能，也会妨碍其潜力的施展。由此可知，社会对互联网的影响胜过互联网对社会的影响。

互联网并不能解答所有的问题，在实际生活中，网络中心化特征催生了一众副作用。首先，过度使用互联网可能会对少数人产生潜在的毁坏性影响，增加由电子沉迷演变为科技成瘾的倾向。有学者认为，"在没有服用的情况下，任何可以提供奖励的行为，都可以让人成瘾。"[84] 188 然而，事实情况是，互联网本身就是一种强烈的刺激性物质，提出"网络成瘾"定义的美国精神科医生伊万·戈登伯格不无感慨："电脑和网络犹如火焰，是人类生活极好的仆人；但也和火焰一样，它们都是不合格的管家。"[34]226 其次，由于资本增值的考量，越来越多的信息内容变得浮躁和肤浅，驱除着深刻智慧的价值。正如英国诗人塞缪尔·泰勒·柯尔律治在《古舟子咏》中所言："水呵水，到处都是水，却没有一滴能解我焦渴。"人们不患无信息，而患信息之无用。互联网将人从深阅读拽入浅阅读的泥潭，以改变阅读方式的趋势，重塑我们"浅薄"的思维模式。最后，互联网造成了支离破碎的时间和被割裂的信息，将我们流放至一个患了注意力涣散症的"碎片化"文化中。我们被切断了与整体感之间的联系，无法集中注意力于此时此刻，从而产生了集体孤独。因此，学界对于互联网中心化的关注与反思，应该成为一个常态化的学术动作。

第四章　互联网社会动员的传播模式

一、互联网社会动员的"互联网+"传播模式

"互联网+"指的是互联网和其他信息技术在传统产业中的应用。这是一个不完全等式，其中各种互联网（移动互联网、云计算、大数据或物联网）可以添加到其他领域，促进中国新兴产业和商业的发展。在当今时代，"互联网+"正以前所未有的速度和影响力重塑着各个产业领域。

各种互联网技术（如移动互联网）让人们随时随地都能接入网络，获取信息和开展业务。无论是在繁华都市的街头，还是在偏远乡村的角落，人们只需一部智能手机，就能享受到便捷的移动互联网服务。例如，在农产品销售领域，农民可以通过移动互联网平台直接发布农产品信息，与消费者建立联系，拓宽销售渠道，打破传统销售模式的地域限制。云计算也是"互联网+"的重要支撑。它为企业提供了强大的计算能力和存储资源，降低了企业的运营成本。许多中小企业借助云计算服务，无须投入大量资金建设自己的数据中心，就能开展高效的业务运作。比如，一些小型软件开发公司利用云计算平台进行代码开发、测试和部署，大大提高了开发效率，加快了产品推向市场的速度。

大数据在"互联网+"中同样扮演着关键角色。通过对海量数据的收集、分析和挖掘，企业能够更精准地了解消费者需求和市场趋势。电商领

域就是一个典型的例子，电商平台利用大数据分析用户的浏览记录、购买行为等信息，为用户推荐个性化的商品，提高用户的购买转化率和满意度。物联网更是将"互联网+"推向了新的高度。它实现了物与物、人与物的互联互通。在智能家居领域，各种家电设备通过物联网技术连接在一起，人们可以通过手机远程控制家电，实现智能化的生活体验。在工业制造领域，物联网技术可以实时监控生产设备的运行状态，提高生产效率和产品质量，促进中国新兴产业和商业的蓬勃发展。

（一）互联网社会动员是"+互联网"向"互联网+"递进的传播模式

互联网社会动员这一独特而充满影响力的社会现象，正以其独特的方式深刻地改变着我们的社会。它以社会成员为参与对象，以社会空间为实施范围，以已经发生的社会现象为传播议题；而互联网则如同一个强有力的轴心，将这一切紧密地连接在一起，推动着群体型社会行动的发生和发展。与传统的社会动员相比，互联网社会动员展现出令人瞩目的特色和优势。互联网宛如一个强大的媒介平台和信息工具，为动员双方提供了力量深远、用户广泛、应用多元、价格低廉、传播高效、互动及时、身份对等、参与公平等诸多特性。在这样的平台上，各种资源得以优化配置，信息能够有效整合，舆论可以迅速形成，这些表现特质既充满魅力，又时常引发人们的深思和关注。

正如阿尔文·托夫勒在《第三次浪潮》中所认为的："权力不是来自拥有'生产资料'，而是来自控制'整合资料'。"[85]互联网社会动员正是这样一项庞大的整合工程。在这个过程中，目标对象需要精心整合。比如，在一些公益活动的社会动员中，需要明确不同年龄、职业、地域的目标人群，根据他们的特点和需求来制订相应的动员策略。渠道同样需要整合，既包括各类社交媒体平台（如微信、微博、抖音等），也涵盖传统的网站论坛等，通过多种渠道的协同作用，扩大动员的覆盖面和影响力。策略的整合更是至关重要。针对不同的社会动员目标和对象，需要制订多样化的策略。比如，在环保活动的社会动员中，对于年轻群体，可以采用时尚、有趣的短视频宣传策略，激发他们的兴趣和参与热情；对于老年群体，可以通过社区宣传、线下活动等方式，提高他们的认知度和参与度。传播内容的整合也必不可少，要将文字、图片、视频等多种形式的内容有机结合，以满足不同受众的信息接收习惯和需求。而最终的效果也需要进行整合评估，通过数据分析、用户反馈等多种方式，全面了解社会动员的成效，为后续的改进和优化提供依据。

互联网动员发起者的权力来源也发生了根本性的转变。不再像传统的媒体动员发起者那样，仅仅依附于对于传播渠道的所有权，而是在于整合方法的习得和运用。回顾过往的许多社会现实事件，不难发现这样的事实：那些能够熟练操作整合方法的人或组织往往能够在社会活动中脱颖而出，成为最终的赢家。若以分解的视角来深入分析互联网社会动员的整合阶段，会发现它可以视为由"+互联网"向"互联网+"递进的时代号角和助力者。2015年3月5日，在十二届全国人大三次会议上，李克强总理在政府工作报告中提出，政府将制定"互联网+"行动计划。这一举措使得"互联网+"这一互联网行业的热词首次出现在国家级政府工作报告中，成为全社会关注的焦点。"互联网+"是对新一代信息技术与创新2.0相互作用共同演化推进经济社会发展新形势的高度概括。

关于国内"互联网+"理念的提出，业界公认的观点可追溯到2013年11月6日马化腾在众安保险开业仪式上的发言。马化腾当时提到："互联网加一个传统行业，意味着什么呢？其实是代表了一种能力，或者是外在资源和环境对这个行业的一种提升。"虽然"互联网+"理念迟于2013年才出现，而且主要是指创新2.0时代互联网发展的新业态和新形态，但互联网社会动员在互联网初期已经显露出"动员+互联网"的整合与双赢的潜力，以及其对传统权威的挑战能量和对社会问题的高效解决效率。"互联网+"与"+互联网"是有着明确内涵区别的不同概念。"+互联网"主要是以互联网为赋权工具和应用程序，利用其特征来提升传播潜力。它是以线下为主、以线上为辅的传播结构，通常是先有现实的社会事件，再有网络社会动员的传播程序。比如，在一些传统的社区活动中，先在社区内组织线下活动，再通过互联网平台进行宣传和推广，吸引更多的人参与。而"互联网＋"则是以互联网为思维方式，利用其新技术优势、体制机制优势和更广泛的社会支持来营造"数字化生存"的环境。它是线下和线上并重的传播结构，网络事件可以与网络社会动员并行发生。例如，在一些新兴的网络公益活动中，线上的网络宣传和动员与线下的实际公益行动同步进行，相互促进，共同推动活动的开展。由此可见，"＋互联网"可以被认为是互联网社会动员的 1.0 阶段，是一种较为初级的整合阶段。在这个阶段，互联网更多的是作为一种辅助工具，为社会动员提供额外的传播渠道和资源。而"互联网＋"则是互联网社会动员的 2.0 阶段，是一种高级的整合形式。在这个阶段，互联网已经成为社会动员的核心思维和关键力量，深刻地改变着社会动员的方式和效果。

在实际的社会生活中，我们可以看到许多"＋互联网"和"互联网＋"的案例。比如，在一些传统的商业领域，最初只是将互联网作为一种销售渠道的拓展工具，即"＋互联网"。企业通过建立官方网站、开设电商平台等方式，将产品信息和销售服务搬到线上，以吸引更多的消费者。但随着互联网技术的不断发展和应用的深入，逐渐进入"互联网＋"阶段。企业开始运用大数据分析消费者需求，进行精准营销，利用物联网技术实现产品的智能化和供应链的优化，通过互联网思维重构商业模式和组织架构，实现线上线下的深度融合。在社会公益领域，"＋互联网"阶段主要表现为通过互联网平台发布公益活动信息、接受捐赠等。一些公益组织利用微博、微信等社交媒体宣传公益项目，扩大影响力，吸引更多的人关注和参与。而在"互联网＋"阶段，公益活动更加注重线上线下的互动和融合。例如，通过互联网平台发起公益众筹的同时，在线下组织志愿者活动和公益体验活动，让参与者更加深入地了解公益项目的意义和价值。同时，利用互联网技术实现公益资源的精准匹配和高效分配，提高公益活动的效率和透明度。在文化传播领域,"+互联网"时期,文化机构和创作者主要利用互联网进行文化作品的传播和推广。比如,博物馆通过建立网站展示馆藏文物,作家通过网络平台发布作品等。但在"互联网+"时代,文化传播呈现出更加多元化和创新性的特点。例如,利用虚拟现实和增强现实技术打造沉浸式的文化体验;通过互联网平台开展文化创意众筹,激发大众的文化创作热情;运用大数据分析用户的文化消费习惯,为文化产品的创作和推广提供精准的决策依据。

总之,互联网社会动员的"+互联网"和"互联网+"阶段在不同领域都发挥着重要的作用,推动着社会的进步和发展。随着互联网技术的不断创新和应用的持续深化,互联网社会动员将在更广泛的领域展现出更加强大的力量和深远的影响。

(二)国外最早的"社会动员+互联网"的社会活动

英国学者安德鲁·查德维威克曾明确指出:"有据可查的电子动员的当代历史始于20世纪90年代早期的两个著名运动:'对莲花市场:家庭软件的抗议运动和对加密芯片的抗议运动。'"[86] 在20世纪互联网刚刚兴起的初期阶段,也就是1990年,美国电脑科学家自由协会敏锐地察觉到潜在的问题,果断地开展了一次具有深远意义的社会动员。当时,莲花公司和艾克菲公司正积极推进家庭软件开发计划。然而,美国电脑科学家自由协会发现,该软件在实际应用中存在着极大的隐患,极有可能导致消费者个人隐私的泄露。在互联网初步发展时期,个人隐私的保护尚未像如今这般受到高度重视,但美国电脑科学家自由协会凭借专业的敏感度和对公众利益的高度责任感,毅然决定站出来。

他们充分利用互联网这一新兴的平台,通过各种渠道和方式发起了阻止这一软件开发计划的行动。互联网在当时虽然还不像现在这般普及和发达,但已经展现出强大的传播力和动员能力。美国电脑科学家自由协会借助互联网的邮件系统,向广大网民和相关专业人士发送了详细的关于该软件可能存在隐私泄露风险的信息。网络新闻组也成为他们传播消息和呼呼行动的重要阵地。在新闻组中，他们详细地阐述了软件的潜在问题以及可能给消费者带来的不良后果，引发了广泛的关注和讨论。此外，FTP 下载网站也被他们利用起来，上传了相关的分析报告和证据材料，供人们下载和了解。在他们的努力下，越来越多的美国网民开始意识到问题的严重性。这些网民来自不同的地区、不同的职业和不同的年龄层次，但他们都因为对个人隐私保护的共同关注而团结在一起。一些非政府组织也积极加入这场抗议运动。这些非政府组织凭借自身的影响力和组织能力，进一步扩大了抗议的声量。他们与美国电脑科学家自由协会紧密合作，通过组织线上线下的讨论活动、发布倡议书等方式，动员更多的人参与抵制行动。

广大网民和非政府组织共同借助互联网的力量，展开了大规模的请愿活动。他们纷纷通过电子邮件向政府相关部门表达自己的担忧和反对意见，在网络新闻组中持续发声，引起政府的高度重视。政府部门在收到大量的请愿和反馈后，不得不重新审视这一软件开发计划。经过深入的调查和评估，最终决定停止该软件的开发和推广。美国电脑科学家自由协会和广大参与者凭借坚定的信念和不懈的努力，在这场抗议运动中取得了胜利，成功地保护了消费者的个人隐私。

仅仅三年后的 1993 年 4 月，又一场与公众利益密切相关的事件引发了广泛的关注和抗议。美国国家安全局提出了针对通信和计算机行业的"有条件加密标准"。这一标准的提出，立刻引发了人们的担忧。许多人担心，在这种"有条件加密"的情况下，美国国家安全局可能会"窃取"加密的电子信息。这种担忧并非空穴来风，在互联网时代，电子信息的安全至关重要，一旦加密信息被窃取，将会给个人、企业乃至整个社会带来不可估量的损失。

面对这一情况，美国的数万名网民再次行动起来。他们像三年前一样，充分利用互联网的各种工具和平台。在邮件系统中，一封封表达反对意见的邮件如雪花般飞向政府部门；在网络新闻组中，关于反对"有条件加密标准"的讨论热火朝天，各种观点和分析不断涌现；在 FTP 下载网站上，也出现了相关的反对资料和倡议。非政府组织再次发挥了重要的作用，他们组织各种线上签名活动、发布专业的分析报告，进一步地增强了抗议的力度。广大网民和非政府组织共同努力，向政府持续施压。政府部门也意识到民众的强烈反对情绪和这一问题的严重性。经过反复的权衡和考虑，最终决定对"有条件加密标准"进行重新评估和调整，以回应民众的关切和诉求。在这两次事件中，美国的民众和非政府组织通过互联网展示了强大的动员能力和影响力。

这两次事件的"主阵地"首次选择在网络空间，打破了传统动员的地域和时间限制。在网络空间中，信息能够以极快的速度传播，人们能够迅速地聚集起来，形成一股强大的力量。这种快速动员的效果在当时是前所未有的，也为后来的社会运动和公众参与提供了宝贵的经验和借鉴。它们不仅证明了互联网在社会动员中的巨大潜力，而且提醒人们在利用互联网的同时，要高度重视信息安全和公众利益的保护。

（三）国内最早的"社会动员＋互联网"的社会活动

国内有据可查的互联网社会动员始于具有"众人参与、互动交流"特征的互联网应用 Usenet News（网络新闻组）所促成的公益救援。这一应用在当时虽然不如现今的互联网平台这般普及与发达，但它所发挥的作用却不容小觑，成为推动社会互助的一股重要力量。

1995 年初，一名清华大学女学生朱令突然身患重病，这仿佛是一场毫无征兆的风暴，瞬间打破了她原本平静的生活。朱令开始出现腹痛、脱发的症状，关节肌肉也阵阵酸痛，让人揪心不已。而随着病情的发展，情况愈发危急，此后更出现心慌、憋气、视物模糊旋转、中枢性呼吸障碍等危险症状。这些症状如同一个个沉重的枷锁，紧紧地束缚着朱令的健康和生命。面对朱令的病情，医院迅速组织了专家会诊。众多权威的医学专家齐聚一堂，他们凭借着丰富的经验和专业的知识，对朱令的病情进行了深入的分析和探讨。然而，尽管专家绞尽脑汁，运用各种先进的医疗检测手段和诊断方法，却依旧未能查明病因，无法给予有效的医治。在这一筹莫展之际，朱令的朋友心急如焚，他们迫切地希望能找到拯救朱令生命的方法。

此时，互联网成为他们的希望之光。朱令的朋友在北京大学通过 Usenet News 向国际医疗界发出了求救信息。在那个互联网刚刚起步的年代，这样的举动无疑是一次大胆的尝试。Usenet News 作为一个具有互动交流特性的平台，将这一求救信息迅速传播开来。令人出乎意料的是，仅仅 3 个小时后，便开始接收到求助反馈。一封封来自世界各地的邮件如雪花般飞来，每封邮件都承载着一份关怀和希望。这些邮件的发件人既有专业的医生、科研人员，也有热心的普通民众。他们有的根据自己的专业知识和经验，对朱令的病情进行分析判断；有的分享自己曾经遇到过的类似病例和治疗方法；还有的给予了精神上的鼓励和支持。最后统计，共收到世界各地 3000 多封回信。这些回信犹如黑暗中的明灯，为朱令的救治带来了新的希望。其中大部分判断朱令的病是重金属铊中毒所致，有的回信甚至提供了治疗方案，开具了处置药方。这些来自不同国家、不同地区的人们，通过互联网汇聚起一股强大的力量，共同为朱令的救治贡献着自己的智慧和力量。

这一事件成为公众开始认识互联网互动性作用和迅捷性能量的一个生动案例。在以往，人们很难想象信息能够如此迅速地在全球范围内传播，并且能够得到如此广泛的响应和支持。互联网打破了地域和时空的限制，让世界各地的人们能够紧密地联系在一起，共同为一个目标而努力。在其他一些类似的事件中，互联网也发挥过至关重要的作用。例如，在一些自然灾害发生后，通过互联网平台，各地的救援物资和救援力量能够迅速集结，为受灾地区的人们提供及时的帮助。在医疗领域，也有许多患者通过互联网寻求到罕见病的治疗方法和专家的支持。

朱令事件堪称中国互联网社会动员的初始事例。它为后来的互联网社会动员提供了宝贵的经验和启示。随着互联网技术的不断发展和普及，互联网社会动员的力量日益强大。人们通过各种互联网平台，组织公益活动、开展志愿服务、进行慈善募捐等，为社会的发展和进步作出了重要的贡献。

二、"互联网＋社会动员"的"6W1H"动员模式

（一）互联网社会动员的基础与演进轨迹

"互联网＋社会动员"由互联网和社会动员两部分构成，两者的整合既是一种手段，也是一种目的，因此，既要重视其动员的"出师有名"，更要聚焦于预期的动员目标。在当今时代，互联网已经深入人们生活的方方面面，成为不可或缺的一部分。而社会动员则是为了推动社会的进步与发展，凝聚各方力量来实现特定目标的一种行动。当互联网与社会动员相结合时，便产生了强大的"互联网＋社会动员"模式。一个结构完整、程序标准、传播成效显著的互联网社会动员活动应该由"动员主体：Who""动员主题（内容）：Says What""动员渠道：In Which Channel""动员客体：To Whom""动员效果：With What Effect""动员目的（原因）：What Purpose""动员策略（方法）：How"七部分构成，这七部分可以构成一个"6W1H"的动员模式和分析结构。

（1）动员主体可以是政府部门、社会组织、企业或者个人等。比如，在一些公益活动中，公益组织往往充当着重要的动员主体。以壹基金为例，它通过自身的影响力和互联网平台，发起了众多公益项目的动员。壹基金明确自己作为动员主体的责任和使命，积极利用互联网渠道，向广大公众宣传公益理念和项目需求，吸引了众多爱心人士的参与和支持。

（2）动员主题是整个社会动员活动的核心和灵魂。它需要具有明确性、针对性和吸引力。比如，在环保领域，"地球1小时"活动的动员主题是呼吁人们关注全球气候变化，倡导节能减排。这个主题简洁明了，直接指向了当前全球面临的重要环境问题，吸引了世界各地数以亿计的人们参与其中。每年的特定时间，人们会自觉地关闭不必要的灯光，用实际行动来支持环保。

（3）动员渠道在互联网时代变得丰富多样。除了常见的社交媒体平台，如微信、微博、抖音等，还有各类网站、论坛等。在新冠疫情期间，政府部门通过官方网站、社交媒体等多种渠道，及时发布疫情信息、防控政策和科普知识，动员广大民众积极配合防疫工作。这些渠道的高效运用，使得信息能够迅速传播，广泛覆盖到不同年龄、不同地域的人群。

（4）动员客体即动员所针对的对象。既可以是全体社会公众，也可以是特定的群体。例如，在青少年科技创新活动中，动员客体主要是广大青少年学生。通过针对这一特定群体的动员，激发他们的创新思维和实践能力。

（5）动员效果是衡量社会动员活动成功与否的重要标准。良好的动员效果不仅体现在参与人数的多少，而且包括对社会观念的改变、对实际问题的解决等方面。比如"光盘行动"，通过广泛的社会动员，不仅让越来越多的人养成了节约粮食的好习惯，而且在全社会营造了浪费可耻、节约为荣的浓厚氛围。

（6）动员目的是社会动员活动的出发点和落脚点。不同的动员活动有着不同的目的，有的是为了促进社会公益事业的发展，有的是为了推动科技创新，有的是为了应对突发公共事件等。以地震救援动员为例，其目的是汇聚各方力量，迅速开展救援工作，帮助受灾群众渡过难关。

（7）动员策略是实现社会动员目标的具体方法和手段。它需要根据不同的动员对象、动员主题和动员环境来制订。比如，在一些商业推广活动中，企业会采用抽奖、优惠等策略来吸引消费者参与；在公益活动中，可能会通过讲述感人的故事、展示真实的数据等方式来激发人们的同情心和责任感。

互联网社会动员是在互联网技术背景下诞生的一种"互联网＋社会动员"的社会运动形式，是动员主体为达到某种现实目的，以互联网为工具建立常态式动员结构或临时性动员框架，对动员客体进行宣传、整合和组织并与其产生协作关系，使双方在线上的参与动作发展为颇具规模的集群行为，将线上聚集的数字总值转化为现实的影响能力，从而对社会及其构成者产生深刻的作用。互联网的出现，极大地改变了社会动员的方式和效果。它打破了时间和空间的限制，使得信息能够在瞬间传播到全球各地。例如，在一些国际人道主义救援活动中，通过互联网的传播，世界各地的人们能够迅速了解受灾地区的情况，并纷纷伸出援手。同时，互联网为人们提供了便捷的参与平台，人们可以通过在线捐款、签名请愿、志愿服务报名等方式，轻松地参与到社会动员活动中。

互联网是网络活动的有效工具，尤其是当它与传统媒体恰当而合理地结合时。互联网社会动员是网络动员和传统动员的混合体，在互联网的基础上，整合了一些传统社会动员的结构和策略。传统媒体（如电视、报纸等）具有广泛的受众基础和较高的公信力，与互联网相结合，可以发挥各自的优势，扩大社会动员的影响力。比如，在一些重大活动的宣传中，既会通过互联网进行线上推广，也会利用电视、报纸等传统媒体进行报道，从而实现全方位、多角度的动员。互联网社会动员与传统社会动员的比较框架见表4-1。

表4-1 互联网社会动员与传统社会动员的比较框架

构成部分	互联网社会动员	传统社会动员
动员主体	任何有条件接入互联网媒介环境的使用者（包括个体网民、传统大众媒体、党和政府等决策部门）	党和政府或其管辖的传统媒体、某一领域的意见领袖
动员主题（内容）	与民众自身生活、利益、价值观密切相关的社会现象或话题；自发性意见居多，主题多元，内容多样	政治动员、经济动员、军事动员、文化动员、危机动员，与国计民生相关的国家大政方针或意识形态
动员渠道	微信、微博、QQ、论坛、贴吧、抖音、直播等社会化媒体或应用平台	广播电视、报纸、杂志等传统大众媒介，标语、口号、文件等传播载体，学校等教育空间

表4-1（续）

构成部分	互联网社会动员	传统社会动员
动员客体	任何有条件接入互联网媒介环境的使用者（包括个体网民、传统大众媒体、党和政府等决策部门）	与动员主题密切相关的民众群体
动员效果	动员速度较快，动员范围较为扩散	动员速度较慢，动员范围较为闭合
动员目的（原因）	宣泄情感情绪，阐述个人主张，表达利益诉求，维护生存权利，施加群体压力，引起公众共鸣，号召集体行动，推动问题解决	引导、带动和团结广大民众，使广大民众为实现特定目标而行动起来，参与到社会重大活动中；营造思想环境；激发公众情绪
动员策略（方法）	扩展多元媒体传播平台，扩充动员资源，构建动员叙事框架，加强集体认同感	宣传鼓动、受训控制、典型示范、组织控制、权威支配、蒙蔽性诱导、强制性参与和大规模的群众运动[87]
动员属性	由社会动员	对社会动员

互联网社会动员是一种较为复杂的社会现象，它不同于在现实世界中发生的社会动员活动，而是具有独特的运行机制和多元的影响因素。顾名思义，动员可以简化理解为"发动大众"，在这个过程中，信息的流动是一个重要的前提条件。信息如同社会动员的血液，在整个体系中不断循环和传递，倘若没有信息的流动，社会动员便如无源之水、无本之木。然而，在互联网环境中，从动员行动的最初发起到动员行动的全面终结，不仅表现为信息的传播和反馈，整个过程还要受到动员主体、动员客体、动员渠道、动员策略、群体情感等多种变量的作用。

流动在社会活动中是一种重要的社会资源的配置方式。卡斯特认为，"流动不仅是社会组织里的一个要素而已：流动是支配了我们的经济、政治与象征生活之过程的表现。"[88]505 在互联网社会动员中，信息、观点、情感等社会资源的流动和整合的确至关重要。根据对既有互联网社会动员事件的分析归纳，本书认为，事件信息、个体观点、集体舆论、参与人员、心理情绪、压力气候等社会资源的流动和整合是构成互联网社会动员的基础。其演进轨迹至少可细分为七个阶段。

（1）社会事件出现并为网民所获悉，议题开始酝酿。比如，在一些突发的公共卫生事件中，当某地出现不明原因的疾病时，最初可能只是当地的一些居民有所察觉，随着信息在网络上的传播，越来越多的网民开始关注到这一事件，各种猜测和讨论开始出现，议题逐渐酝酿。

（2）个别网民就议题发表态度及意见，从而成为动员主体，社会动员活动正式开始。例如，在一些环保议题上，可能有环保爱好者在网络论坛或社交媒体上率先发表自己对某个环境问题的看法和呼吁，他们的言论引起了其他网民的注意，此时这些网民成为动员主体，开始了社会动员的第一步。

（3）其他网民接收动员主体的信息，部分会受其影响参与议题讨论，从动员客体转为动员主体。当更多的网民看到这些呼吁和观点后，有些人会被触动，开始加入讨论，分享自己的见解和经验，他们也从最初的动员客体转变为动员主体，进一步地推动了社会动员的发展。

（4）与议题有关的观点、态度、情绪、信息等内容相互汇聚、碰撞和争鸣，形成网络舆论。在一些社会热点事件中，不同的网民会有不同的观点和态度，这些观点在网络上相互交流、碰撞。比如，在一些涉及社会公平的事件中，有的网民主张通过法律途径解决，有的网民认为应该通过舆论压力来促使问题解决，各种观点的争鸣最终形成了强大的网络舆论。

（5）舆论推动群体行动出现，线上、线下开始出现重叠区域，舆论和行动穿插于网络世界和真实社会。群体性压力气候开始形成，引起现实社会的强烈反应，产生巨大的双向影响。以一些公益活动为例，网络上的舆论呼吁可能会引发线下的实际行动。比如为贫困地区捐赠物资的活动，网民在网络上发起倡议，然后通过线下的组织和行动来落实捐赠。这种线上线下的互动形成了强大的群体性压力气候，不仅对网络世界产生影响，而且对现实社会产生了巨大的推动作用。

（6）与社会动员相关的集体表达得以妥善解决或由参与者的退出导致无疾而终。有些社会动员活动在各方的努力下，问题得到了妥善解决。比如，一些消费者权益保护的社会动员通过大家的共同努力，促使企业改进产品或服务；而有些活动可能由于各种原因，随着参与者的逐渐退出而不了了之。

（7）社会事件所导致的社会动员及其程序、策略、结果等活动要素可能会为之后同等事件的演进提供参考范本，前者为后者所模仿和借鉴。比如，在多次地震救援的社会动员中，随着经验的积累，后续的地震救援社会动员在组织方式、信息传播、资源调配等方面都能借鉴之前的经验，不断优化和完善。

在互联网技术和中国社会之间，存在着异常丰富的人类意志、经验、实践和制度，因此单纯的"技术决定论"或单纯的"社会决定论"都是有失偏颇的学术观点，是对技术和社会进行表面化、简单化的处理。"技术如何被使用……取决于其他的因素，即某一特定技术能被发明、吸纳、推销、使用和抵制的生态、经济、社会与政治的条件，以及使用该技术之群体的特定态度。"[89] 由于互联网技术与其他社会因素的广泛交叉互进，互联网社会动员不是一个孤立的议题，而是一个多元互动的结构形态和关系模式。多元互动是指那些促进或者限制互联网社会动员效果的多维现实主体，与互联网彼此影响而产生的社会互动谱图。国家政治、经济、文化以及民众心理，一方面型塑着互联网及社会动员，另一方面凭借与互联网的共进调整自身融入社会动员活动的姿态。

从国家政治层面来看，政府的政策和治理方式对互联网社会动员有着重要的引导作用。在一些重大事件中，政府通过及时发布权威信息、制定合理的政策，能够有效地引导社会动员朝着正确的方向发展。例如，在新冠疫情期间，政府通过互联网及时发布疫情动态、防控政策和科普知识，动员广大民众积极参与疫情防控工作，形成了强大的社会动员力量。同时，政府不断加强对互联网的治理，规范网络秩序，为互联网社会动员创造健康的环境。经济因素也对互联网社会动员产生了深远的影响。一方面，互联网企业的发展为社会动员提供了更多的平台和渠道。例如，一些互联网公益平台通过整合社会资源，为公益活动的社会动员提供了有力的支持。另一方面，经济发展水平和社会财富分配状况也会影响人们参与社会动员的积极性和能力。在一些经济发达地区，人们往往更有条件和意愿参与到各种社会动员活动中。文化因素在互联网社会动员中同样不可忽视。中国传统文化中的团结协作、互助互爱等价值观，为社会动员提供了深厚的文化底蕴。例如，在一些自然灾害救援中，人们基于这种文化价值观，积极响应社会动员，纷纷伸出援手。同时，现代文化中的创新、开放等理念为互联网社会动员带来了新的活力和思路，推动着社会动员方式的不断创新。

民众心理对互联网社会动员的影响也十分显著。人们的社会责任感、同情心、正义感等心理因素会促使他们积极参与社会动员活动。比如，在一些公益慈善活动中，人们出于对弱势群体的同情和关爱，会积极响应社会动员，奉献自己的爱心。而一些负面的心理因素（如恐慌、焦虑等）可能在某些情况下引发不良的社会动员。互联网社会动员依靠当代中国的社会生态和网络技术特质，创造出独特的动员文化。在互联网社会动员这个关系型的动态过程中，与互联网相互作用的政治权利、市场经济、数字技术和公民社会等因素的活跃，削弱了官方控制信息和舆论动员的能力，既促进了由公众主持的互联网社会动员活动的兴起，也引起了主导社会变革的官方权力对于基于网络的社会动员的关注和介入，形成了丰富多彩的社会动员图景。在政治权利方面，随着公民意识的不断提高，人们通过互联网表达自己政治诉求和参与政治生活的意愿日益增强。例如，在一些公共政策制定过程中，网民通过网络平台发表意见和建议，对政策的制定产生了积极的影响。这种政治权利的行使在一定程度上推动了社会动员的发展，使社会动员更加多元化和民主化。

市场经济的发展为互联网社会动员提供了新的动力和机遇。互联网企业通过商业运作和市场推广，将社会动员与商业活动相结合，既实现了商业价值，又推动了社会公益事业的发展。例如，一些企业通过开展网络公益营销活动，吸引消费者参与公益项目，实现了经济效益和社会效益的双赢。数字技术的不断进步为互联网社会动员提供了强大的技术支持。大数据、人工智能、云计算等技术的应用，使得社会动员的信息传播更加精准、高效，组织方式更加灵活、便捷。例如，在一些紧急救援行动中，通过大数据分析可以快速确定受灾地区的需求和资源分布情况，为社会动员的组织和实施提供科学依据。

公民社会的成长壮大是互联网社会动员的重要基础。各类社会组织、志愿者团体通过互联网平台组织和参与社会动员活动，发挥着越来越重要的作用。例如，在一些社区治理活动中，居民通过网络社区平台共同讨论和解决社区问题，形成了良好的社会动员氛围。在这个复杂的图景中，个体与群体、地方与国家、结构与制度、政治与经济、技术与社会，甚至是这些不同层面之间的相互作用，开始闪现出异样的光彩，吸引各方的焦点。个体在互联网社会动员中往往发挥着重要的引领作用。一些具有影响力的网络意见领袖，凭借自己的知识、经验和影响力，能够在社会动员中发挥带头作用，引导公众关注和参与特定的社会议题。例如，一些知名博主在环保、教育等领域的呼吁和倡导，能够引起广泛的社会关注和响应。群体的力量在互联网社会动员中更是不可小觑。各种网络社群、兴趣小组等群体组织，通过集体行动和协作，能够形成强大的社会动员力量。比如，在一些文化传承活动中，一些文化爱好者群体通过网络组织各种活动，推动了文化的传承和发展。

地方与国家在互联网社会动员中也存在着密切的互动。地方的社会动员活动往往能够为国家层面的政策制定和社会治理提供有益的经验和参考，而国家的宏观政策和战略规划会对地方的社会动员活动产生指导和影响。结构与制度为互联网社会动员提供了规范和保障。合理的社会结构和完善的制度体系，能够确保社会动员在合法、有序的轨道上进行。例如，法律法规对网络言论和网络活动的规范，能够保障互联网社会动员的健康发展。政治与经济、技术与社会之间的相互作用在互联网社会动员中也表现得十分明显。政治决策和经济发展会影响技术的应用和社会的发展方向，而技术的进步和社会的变革又会反过来推动政治和经济的改革与创新。

互联网社会动员既是中国既有多元力量和利益群体的对撞，也是以表面化的冲突和争论来反映中国深层次矛盾的现代化力量。在互联网社会动员过程中，不同的利益群体和社会力量之间不可避免地会存在一定的冲突和矛盾。例如，在一些城市规划和建设项目中，可能会涉及不同利益群体的诉求和利益冲突，通过互联网社会动员，各方可以充分表达自己的观点和意见，在冲突和争论中寻求解决问题的途径和方案。同时，互联网社会动员也能够将中国社会深层次的矛盾和问题暴露出来，引发社会的广泛关注和思考。例如，在教育公平、医疗改革等领域，通过互联网社会动员，人们对这些问题的关注度不断提高，促使相关部门加大改革力度，推动问题的解决。

（二）动员主体

动员主体是社会动员活动的发起者、组织者和策划者，在事件的发生中居于主导的显要位置，可以设定议题、制订策略、制作内容、拓展渠道、引导反馈、推进行动。其重要性不言而喻，如同社会动员这列列车的火车头，引领着整个活动的走向和进程，对社会动员活动起着至关重要的推动作用。动员主体的信源素质和群体结构影响着社会动员活动的进程，甚至影响着中国社会的发展。动员主体在互联网社会动员的传播结构中充当着信源的作用。信源这一概念最初是由香农和韦弗在1949年提出的，后来被引入传播学学科，成为重要的学科术语。传播学中的信源指的是消息的出处，即消息由谁发出。

信源的素质主要指向其可信度，可信度是影响传播活动效果的重要因素，由两方面构成。一是传播者的信誉，即传播者是否具有客观、公正、诚实、守信等品性和特质。比如，在一些公益慈善的社会动员活动中，像知名的慈善机构壹基金，壹基金在开展社会动员时，一直以来都秉持着客观公正的态度，在每次公益项目运作中，都严格遵循诚信原则，将每笔善款的来源和去向都透明化地公布出来，赢得了广大民众的信任。正是因为它在信誉方面的良好表现，其在发起社会动员时，能够得到众多爱心人士的积极响应和支持，极大地推动了公益事业的发展。二是专业方面的权威性，即传播者对特定问题是否具有专业发言权和发言资格。以医疗领域的社会动员为例，一些权威的医学专家在呼吁公众关注特定疾病防治时，由于他们在医学专业领域具有深厚的知识和丰富的经验，其发出的信息更具权威性。当他们作为动员主体时，公众往往更容易接受和认可他们所传达的信息，从而更积极地参与到相关的社会动员活动中。

一般来说，信源的可信度越高，说服效果越好；可信度越低，说服效果越差。对社会动员主体来说，具有良好的信誉和专业的背景是争取受众信任的重要条件。因此，想获得预期甚至超预期的社会动员效果，需要在提高动员主体的可信度方面下功夫。比如，一些环保组织在发起环保行动的社会动员时，会邀请专业的环保科学家参与其中，这些科学家凭借在环保领域的专业权威性，为活动提供科学的理论支持和专业的建议，同时环保组织自身通过长期以来坚持诚实、守信的公益行动，积累了良好的信誉，两者相结合，大大提高了社会动员的可信度和效果。此外，社会动员是一项需要投入大量时间和精力的社会活动，它对主体的参与提出了较高的要求。从普遍意义来说，互联网社会动员活动的主体结构一般与互联网核心使用群体的结构发生重合，他们熟练操作网络，具有丰富的网络经验，了解网络传播的规律，渴望表达自己的声音，在数字化生存中更为积极和主动。

目前，互联网社会动员的主体具有年轻化、城镇化、多元化、敏感性等特征。年轻化特征表现得尤为明显，年轻一代成长在互联网时代，对网络技术的运用得心应手。比如，在一些科技创新的社会动员活动中，年轻的科技爱好者往往是主要的动员主体。他们利用网络平台分享最新的科技资讯和创新成果，激发更多的年轻人对科技的兴趣和热情，推动科技创新的发展。城镇化也是一个重要特征，随着城镇化进程的加快，城镇网民在互联网社会动员中的作用日益凸显。在一些城市文化建设的社会动员活动中，城镇网民积极参与，通过网络宣传城市的文化特色和魅力，为城市的文化发展贡献力量。多元化体现在动员主体来自不同的行业、领域和社会阶层。例如，在一些综合性的社会公益活动中，有来自企业界的人士、教育界的师生、文化界的艺术家等，他们各自发挥着自己的专业优势和资源优势，共同推动社会动员活动的开展。敏感性是指动员主体对社会热点问题和公众需求具有较高的敏感度。当一些社会突发事件发生时，他们能够迅速捕捉到信息，并及时发起社会动员，汇聚各方力量来应对和解决问题。

1. 个人属性的动员主体

个人属性的动员主体指的是在互联网社会动员的信息传播中，作为个体存在，不属于任何组织或者机构。它主要以单独网民或者自媒体的身份而存在，具有网络身份的部分匿名性、发布方式的不确定性以及信息内容表达的不完整性。互联网给予个体突破传统机构化媒体垄断传播权和动员权的固化生态环境，通过赋权、赋力和赋能使每个普通的网民都可以在互联网社会中各抒己见。个人属性的动员主体依据其在互联网社会中获取的不同的影响力、知名度和粉丝数，还可以分为普通的网络草根、网络红人和网络名人，每种类型分别指向效果不同的动员能力。

2. 官方属性的动员主体

官方属性的动员主体指的是政府及其管辖下的媒体渠道。目前，国内许多政府机构都在互联网上开设官方的信息发布渠道，以此来实现信息的有效沟通，增强与网民意见的交流互动，在一定程度上减少误解和谣言的产生。官方网站（通常设有网民留言评论、提问以及来信咨询等板块）、官方微博、官方微信、官方抖音等是目前主流的官方动员渠道类型。

官方属性的动员主体的实质就是政府部门通过官方网站或权威媒体在互联网空间里传播具有引导性和鼓励性的动员信息，在争取网络舆论认同和情感共鸣的努力中，将互联网社会动员所积蓄的效果向现实的社会环境转化，引起社会资源的流动。在面对重大突发事件时，政府能发挥其集中各方面力量和资源的统一协调作用，以其独特的社会功能开展卓有成效的动员。例如，在汶川抗震救灾中，政府发起动员后，网民及网络机构积极响应，纷纷开展捐款、心理援助、网络哀悼公祭等活动，许多网民加入志愿者队伍，实地参与救援工作。这为团结各方力量、积极支援抗震救灾提供了巨大的精神支持和物质支援。

3. 媒体属性的动员主体

媒体属性的动员主体指的是传统媒体或自媒体在网络空间中开设的互联网媒体平台或渠道。自媒体与个人网民有交集，自媒体社会动员属于个人属性的社会动员。由于传承传统媒体从业者的专业素养和职业规范，遵循新闻的客观、公正、及时、准确的职业操守，许多媒体属性的动员主体在互联网社会动员活动中占据了主动性、权威性和重要位置。但是由于传统媒体不可避免的把关机制和固化的新闻框架模式，其在信息传播和社会动员方面有所受限，比如相关报道不够全面或者不够平衡。同时，因为对于互联网流量和眼球经济的狂热，传统媒体在社会动员中会产生这样或那样不合时宜的议题。

4. 非官方组织属性的动员主体

随着中国经济的持续发展和民主生态的全面深化，大批非政府组织和民营企业开始诞生，这些组织和企业也有发出声音、传播信息的需求，互联网为其信息需求提供了廉价和便捷的落脚点。目前，许多非政府组织积极参与公益，通过互联网关注和推动诸如环境保护、社会公平、弱势群体救济等社会动员事件的开展。

（三）动员主题

互联网社会动员的主题由主体发起，由客体跟进，是动员活动的演进线索和路标，具有多元化、共鸣感等特征。在当今社会，互联网如同一张巨大的信息网，将人们紧密地联系在一起，而互联网社会动员则借助这张网，围绕着各种主题，发挥着日益重要的作用。现实社会矛盾的复杂性决定了互联网社会动员议题的多样性，这些议题一般涉及普通民众的日常生活和相关利益。杨国斌认为，在中国现有政治体制内，可以进入公共领域的议题，主要有以下6种类型。[90]

（1）大众民族主义。在互联网时代，大众民族主义的动员力量常常令人惊叹。每当国家面临外部挑战或涉及国家主权、民族尊严等议题时，互联网成为激发民族情感、凝聚民族力量的重要平台。比如，在2010年钓鱼岛事件中，互联网上迅速掀起了一股强烈的爱国热潮。网民通过各种网络渠道，表达对日本非法行径的愤慨和对国家主权的坚定维护。在社交媒体上，大量的文章、图片和视频传播着钓鱼岛的历史渊源和中国对其拥有主权的合法性证据。在论坛里，网友热烈讨论如何以实际行动支持国家，有的倡议抵制日货，有的呼吁理性爱国。这种大众民族主义的社会动员，让全世界看到了中国民众团结一心捍卫国家主权的决心和力量。

在2013年南海仲裁案中，互联网上同样涌起了大规模的民族主义动员。网民纷纷发声，谴责菲律宾的无理行径和所谓"仲裁"的非法性。许多自媒体制作了关于南海历史和主权的科普视频，在网络上广泛传播，让更多的人了解南海问题的真相。一些"网络大V"也积极参与其中，引导网民正确地表达爱国情感，避免出现不理性行为。在这场互联网社会动员中，大众民族主义情绪得到了充分释放，也进一步地增强了民族凝聚力和国家认同感。

（2）维权活动。互联网为普通民众的维权提供了新的途径和强大的助力。在消费领域，当消费者遭遇不公平待遇或权益受损时，往往会借助互联网进行维权。例如，一些消费者购买到存在质量问题的电子产品，在与商家协商无果后，选择在网络上曝光。他们在微博、论坛等平台上详细地描述自己的遭遇，晒出产品的问题照片和相关证据，引起了广大网友的关注和共鸣。随着舆论的不断发酵，相关企业不得不重视起来，积极与消费者沟通解决问题，以挽回企业形象。

在房产领域，业主维权也常常借助互联网社会动员。比如，一些小区业主发现开发商存在虚假宣传、房屋质量不达标或物业管理不善等问题时，会通过建立业主微信群、在房产论坛上发帖等方式，将业主团结起来。大家在网络上共同商讨维权策略，分享维权经验，有的还通过网络直播的方式记录维权过程。这种互联网社会动员，不仅让业主的声音得到更广泛的传播，而且给开发商和相关部门带来了一定的压力，促使问题得到更快更好的解决。

（3）环境污染问题。环境污染议题在互联网社会动员中也占据着重要地位。随着人们对生态环境的日益重视，当出现环境污染问题时，互联网成为民众发声和推动解决问题的重要渠道。比如，在一些地区发生的河流污染事件中，当地居民会第一时间用手机拍摄污染的照片和视频，并发布到网络上。这些信息在社交媒体和环保论坛上迅速传播，引起了社会的广泛关注。环保组织和志愿者也会利用互联网平台发起环保倡议，组织环保行动。

在一些城市的雾霾问题上，网民通过网络分享雾霾对生活的影响，呼吁政府采取更有力的措施治理大气污染。一些专家学者也会在网络上发布关于雾霾成因和治理方法的文章，提高公众的环保意识。在互联网推动下，环保部门会更加重视这些问题，加大治理力度，企业也会受到舆论压力，加强环保措施的落实。

（4）文化争议问题。文化争议议题在互联网上常常引发激烈的讨论和社会动员。不同的文化观念和价值观在网络空间相互碰撞，激发人们对文化问题的深入思考。例如，近年来关于传统节日与洋节日的争论一直热度不减。一部分人主张大力弘扬传统节日，认为传统节日承载着民族的历史和文化记忆，应该得到更多的重视和传承。他们在网络上分享传统节日的文化内涵和庆祝方式，呼吁大家回归传统。另一部分人认为洋节日可以丰富人们的生活，带来不同的文化体验，应该包容接纳。网民在论坛、微博等平台上各抒己见，展开激烈的辩论。

在一些文化遗产保护问题上，也会引发互联网社会动员。当一些历史建筑面临拆除或文化遗产遭到破坏时，网友会通过网络发起保护行动。他们发布文化遗产的历史价值和意义的文章，组织线上签名请愿活动，呼吁政府和社会重视文化遗产的保护。这种文化争议的讨论和社会动员，促进了文化的交流与融合，也推动了文化的传承与发展。

（5）揭露丑闻议题往往能够在互联网上引起轩然大波。一些不良行为和不道德事件通过网络被曝光后，会迅速引发公众的关注和谴责。在娱乐圈，明星的丑闻事件时常成为网络热点。比如，某些明星的吸毒、出轨等负面新闻被曝光后，网民会在网络上纷纷发表评论，表达对这些不良行为的不满和批判。这种舆论压力会对明星本人及其所在的行业产生重大影响，也促使社会更加重视公众人物的道德规范和社会责任。

在商业领域，一些企业的不正当竞争、虚假宣传等丑闻也会通过互联网被揭露出来。消费者会在网络上分享自己的遭遇，提醒其他消费者警惕。媒体会根据网络线索进行深入调查报道，引发社会对商业诚信问题的关注。互联网社会动员在揭露丑闻、维护社会公序良俗方面发挥着重要的监督作用。

（6）网络慈善活动。互联网的便捷性和传播性极大地推动了慈善事业的发展。"水滴筹"等网络慈善平台就是很好的例子。当某个家庭遭遇重大疾病或突发灾难，面临高额的医疗费用或生活困难时，患者家属可以在这些平台上发布求助信息。信息通过互联网迅速传播，广大网民通过捐款、转发等方式参与到慈善活动中。每次转发都是一次爱心的传递，每笔捐款都汇聚着人们的善意。

在一些自然灾害发生后，互联网也成为慈善动员的重要平台。比如，在地震、洪水等灾害发生后，各大网络平台会及时发布灾区的信息和救援需求。慈善组织通过网络发起募捐活动，网民纷纷响应，捐款捐物。一些志愿者组织也会在网络上招募志愿者，前往灾区参与救援和重建工作。互联网社会动员让慈善活动更加高效、透明，让爱心更快地汇聚到需要帮助的地方。

总之，这6种议题在互联网社会动员中都发挥着重要的作用，它们反映了社会的不同方面和民众的不同需求。互联网社会动员围绕着这些议题，不断推动着社会的进步和发展，让更多的声音被听到、更多的问题得到解决。

（四）动员渠道

《中华人民共和国宪法》明确规定了我国公民有言论、出版、集会等自由。但囿于社会结构和经济水平等客观现实的影响，民意表达的渠道有限，话语权并不完全平等。2007年，学者马仕政指出："那些社会经济地位高、社会关系强的能更多地表达自己的利益，从而得到国家的保护；而那些社会经济地位低、社会关系弱的人，则无法表达自身利益，只能充当'沉默的大多数'。"[91] 但是，互联网的出现和普及扭转了这种不平衡，甚至形成了媒介鸿沟的传播格局，为弱势群体的个人性表达和集体性发声提供了现实的技术基础，让"大多数"不再沉默，拥有了与曾经的精英群体等量齐观的传播权力和信息机会。正如数字化生存倡导者尼葛洛庞帝的判断："计算不再只与计算机有关，它决定了我们的生存。……在广大浩瀚的宇宙中，数字化生存使每个人变得更容易接近，让弱小孤寂者也能发出他们的心声。"[92]14 互联网尤其是移动互联网为社会动员的开展提供了革命性的便利渠道，产生了举世瞩目的社会影响。

以政治竞选中的互联网社会动员为参考案例。在1992年美国总统大选中，克林顿竞选团队通过建立官方网站在线论坛等方式，将竞选材料、政策、主张等内容传播给更广泛的民众，当时就有评论断言"首届互联网大选"到来。在2000年美国大选中，互联网展示了在动员志愿者方面的巨大潜力。2002年底，卢武铉能够当选韩国总统就是因为充分利用互联网进行了造势活动。2004年的美国大选是首次真正的互联网大选，大选在网上和网下进行，候选人有效地利用网络把人们聚集在选战的议题上并实现了网络募捐。在2008年美国大选中，奥巴马竞选团队更是把网络竞选从助选手段变成主选手段，成为史上第一位"网络总统"，使互联网社会动员的巨大能量和作用得到初步体现。2009年5月伊朗总统选举前，美国CIA等机构有计划地在推特、脸书、油管等平台集中推送各种谣言，干扰他国政治，伊朗反对派趁机借助社交网络进行了动员，在网络舆论空间上塑造出压倒性优势。选举后，又借助网络组织实施了大规模的反政府游行，并通过网络在全球范围内与他国民众、媒体乃至政府形成了密切互动，直接挑战甚至在一定程度上动摇了伊朗政府的权威。后来互联网社会动员在突尼斯、埃及、利比亚、叙利亚等地得到了进一步的"发扬光大"，成为美国策动各国街头暴乱的利器和颜色革命的手段。在目前的中国，与互联网社会动员有关的网络事件，主要是以社会化媒体为发声和互动的渠道。诸如"网络反腐""公益救济""环境保护""网络搜索""网络谣言"，绝大多数皆通过社会化媒体走向人多势众的网络群体。"社会媒体是交互式的计算机中介技术，它通过虚拟社区和网络促进信息、想法、职业兴趣和其他形式的表达的创建和分享。"[93] 当前可用的各种独立和内置的社交媒体服务对定义提出了挑战。然而，有一些共同的特征[94]：① 社会化媒体是基于互联网环境的交互式的 Web 2.0 应用；② 用户生成的内容，如文本帖子或评论、数码照片或视频，以及通过所有在线交互生成的数据，是社会化媒体的生命线；③ 用户为社会化媒体组织设计网站或应用程序，对其进行维护，并创建配置文件；④ 社会化媒体通过将用户的个人资料与其他个人或群体的个人资料连接起来，促进了在线社交网络的发展。

2024年初全球社交媒体用户已突破50亿大关，年增长率达到5.6%。这一数字意味着，全球平均每秒新增8.4个社交媒体用户。尤其在2023年最后三个月，新增用户的速度进一步提高，平均每秒新增9.4个用户[95]。《2024社交媒体全球使用趋势报告》显示，截至2023年1月，按月活跃用户数量（百万计）排名全球最受欢迎的社交媒体平台见图4-1所示。

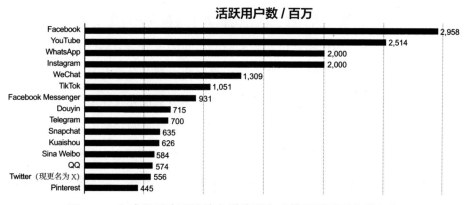

图 4-1　全球最受欢迎的社交媒体平台（按月活跃用户数量）

从社会化媒体用户排行表中，可以发现中国的微信（WeChat）、抖音（Douyin）、快手（Kuaishou）、新浪微博（Sina Weibo）、QQ 等网络应用赫然在列，使用用户量级分别高达 13.09 亿、7.15 亿、6.26 亿、5.84 亿、5.74 亿。这些社会化媒体坐拥惊人的数以亿计的网络用户，具有强大的动员潜力。在互联网社会化动员的实际发生中，充当着第三方的信息发布和传播互动的平台。有关数据显示，在"使用社交媒体的主要原因"中，与社会动员需求或情景相关的类型有"与朋友和家人保持联系（47.1%）""查看正在讨论的内容（28.8%）""与他人分享和讨论意见（23.4%）""建立新联系人（23%）""寻找志同道合的社区或利益集团（21.4%）"。

1. 腾讯微信

微信于 2010 年 10 月在腾讯广州研究项目中心作为一个项目启动，该应用程序的原始版本由张小龙创建，由腾讯 CEO 马化腾命名为"微信"。发展到 2012 年，微信用户数量达到 1 亿，被重新命名为"WeChat"，以面向国际市场。腾讯 2024 年第一季度财报显示，截至 2024 年 3 月底，它已成为月度活跃用户世界最多的独立移动应用之一，拥有 13.59 亿的月度活跃用户。由于具有广泛的功能和第三方应用，微信成为中国的"万能应用""超级应用",被《福布斯》描述为世界上最强大的应用之一。

微信平台最大的传播特色是超脱时间、空间这对绝对概念对于传播活动的重重限制,融合即时化、社交化、平民化、移动化等特征为一体,产生强大的信息传播和社会动员的能量。从传播方式的角度来看,微信主要包括"好友对话""群组聊天""朋友圈周知""信息订阅接收"四种信息传播和反馈的方式。方兴东认为,建立在手机通讯录基础之上的微信,以点对点的人际传播为主体,传播内容具有个人私密性和准实名制特征。人们普遍认为,微信是对QQ的继承和发展。基于微信超乎寻常的发展态势、庞大的用户体量和"强关系"的关系结构,选取微信作为信息渠道的动员活动不断出现,通过熟络的朋友圈转发形成强大的"信任和背书"的症候,引起了社会的集体关注和情感共鸣。

从传播特性来看,与各种论坛、贴吧和博客相比,微信移动阅读的特点以及微信公众平台的传播机制特别适合现代生活的流动性和互动性。与微博相比,微信不受字数限制,且在一个阅读界面内可以将文字、图片、音频、视频整合为一个单元,为意义的完整表达提供了前所未有的可能性。在这个方面,微博是有所欠缺的。在魏则西事件中,网友发起了针对百度网站竞价排名的抗议活动。魏则西生前的文字、照片、音频、视频成为传播素材,其中尤以截图为特色,逻辑的连贯及背景资料的齐备终于打破了网络碎片化传播的藩篱,使本次抗议活动中被动员的对象深度了解事件的来龙去脉。当紧张而微妙的医患关系、敏感而明显的贫富差距、精明而失德的商业营销等共鸣情感以汹涌的态势冲击人们的心理防线之时,共同或相近的意识终于发酵,对话机制开始形成,群体的情感动员和认同感的建构便开始发生,势不可挡。网民以对首发报道疯狂转发的方式,表达对其建构意义的认同和共鸣。

2. 抖音

抖音是一款由字节跳动公司开发的短视频社交应用程序,于2016年9月上线。最初它主要是面向中国市场,旨在为用户提供一个便捷、有趣的短视频创作和分享平台。在诞生初期，抖音面临着激烈的市场竞争。当时已经有不少短视频应用存在，如美拍、小咖秀等。然而，抖音凭借独特的产品定位和创新的功能逐渐崭露头角。一方面，抖音在产品设计上注重简洁性和易用性。用户只需打开应用，即可通过简单的操作拍摄、编辑和发布短视频。其简洁的界面和直观的操作流程，使得无论是专业的内容创作者还是普通用户，都能轻松上手。另一方面，抖音在内容推荐算法上进行了大胆创新。它利用先进的人工智能技术，根据用户的兴趣爱好、浏览历史和互动行为等因素，为用户精准推荐个性化的短视频内容。这种个性化推荐算法极大地提高了用户的使用体验，让用户能够快速发现自己感兴趣的内容，从而增加了用户黏性。

2017 年，抖音开始加大市场推广力度。通过与一些知名明星、网红和 KOL（关键意见领袖）合作，吸引了大量用户的关注。例如，邀请了鹿晗等明星入驻抖音，他们发布的短视频吸引了众多粉丝的关注和互动。同时，抖音在各大社交媒体平台上进行广泛的宣传推广，通过有趣的话题和挑战活动，引发了用户的广泛参与和传播。此外，抖音还不断优化和完善其功能。陆续推出了滤镜、特效、音乐库等丰富的创作工具，让用户能够轻松地创作出富有创意和个性的短视频。例如，抖音的各种搞怪滤镜和特效，让用户可以在视频中实现各种有趣的变身和场景切换，极大地激发了用户的创作热情。

2018 年，抖音迎来了爆发式的增长，成为短视频领域的领军者。这一年，抖音的用户数量呈几何级数增长，不仅在国内市场迅速扩张，而且开始走向国际舞台。在国内，抖音的用户群体不断扩大，涵盖了各个年龄层次和社会群体。从年轻人到中老年人，从城市居民到农村用户，都纷纷加入抖音的用户行列。其内容也日益丰富多样，涵盖了搞笑、美食、音乐、舞蹈、美妆、旅游、知识科普等众多领域。其中，抖音的各种挑战活动成为推动用户增长和内容创作的重要力量。例如，"海草舞挑战""手指舞挑战"等在短时间内引发了全民参与的热潮。用户纷纷模仿热门视频中的舞蹈和动作，拍摄自己的版本并上传分享，形成了强大的社交互动效应。在国际市场上，抖音推出了海外版 TikTok。TikTok 迅速在全球范围内受到欢迎，在许多国家和地区的应用下载排行榜上名列前茅。它以独特的内容和创新的玩法，吸引了世界各地的用户。例如，在印度、美国、日本等国家和地区，TikTok 都拥有庞大的用户群体。字节跳动公司还针对不同国家和地区的文化特点和用户需求，对 TikTok 进行了本地化运营。比如在印度，TikTok 推出了许多符合印度文化特色的挑战活动和内容，吸引了大量印度用户参与。在美国，TikTok 与当地的明星和网红合作，举办各种线下活动，提升了品牌的知名度和影响力。

　　为了进一步地提升内容质量和平台的专业性，抖音在 2018 年推出了"抖音创作者计划"。该计划旨在鼓励和扶持优秀的内容创作者，为他们提供更多的资源和支持。包括提供创作培训、流量扶持、商业合作机会等。通过这一计划，许多优秀的创作者脱颖而出，创作出更多高质量的短视频内容。2019 年，抖音继续保持快速发展的态势。在技术创新方面，抖音不断提升视频的画质和播放流畅度，优化视频加载速度，为用户提供更好的观看体验。同时，加强了对人工智能和大数据技术的应用，进一步地提升内容推荐的精准度。在内容生态建设方面，抖音加大了对知识类、文化类内容的扶持力度。推出了"抖音知识创作者计划"，鼓励创作者分享各类知识和文化内容。例如，许多科普博主、历史文化博主在抖音上分享专业的知识和见解，让用户在娱乐的同时，也能学到知识。此外，抖音还积极拓展商业合作领域，与众多品牌和企业开展合作，推出了多种形式的广告和营销活动。例如，品牌挑战赛、信息流广告、网红合作推广等。这些商业合作不仅为品牌带来了良好的营销效果，而且为抖音带来了可观的收入，实现了平台与品牌的共赢。

　　2020 年，全球遭遇了新冠疫情的冲击，人们的生活方式和社交行为发生了巨大变化。抖音在这一特殊时期发挥了重要作用，成为人们获取信息、娱乐消遣和社交互动的重要平台。在新冠疫情期间，抖音上涌现出大量与疫情相关的内容，包括疫情防控知识科普、抗疫一线故事分享、居家生活创意等。许多医生、专家通过抖音进行疫情防控知识的宣传和讲解，提高了公众的防疫意识。同时，用户通过抖音分享自己的居家隔离生活，互相鼓励和支持。为了满足用户在特殊时期的需求，抖音还推出了一系列新功能和活动。例如，"云健身""云旅游""云音乐会"等。用户可以通过抖音观看线上健身课程、虚拟旅游景点、在线音乐会等，丰富了居家生活。

随着抖音的不断发展，其商业生态也日益成熟。除了广告业务持续增长外，抖音还大力发展电商业务。推出了抖音小店、直播带货等功能，为商家和创作者提供了全新的商业机会。许多商家通过抖音直播带货，实现了产品的销售增长。创作者也可以通过带货获得收益，进一步地激发了他们的创作热情。在内容多元化方面，抖音不断拓展新的领域。例如，在教育领域，抖音与众多教育机构和专家合作，推出了在线教育课程和学习资源。在农业领域，抖音助力农产品销售，通过直播带货帮助农民拓宽销售渠道。近年来，抖音还在技术创新上持续发力。例如，推出了虚拟现实、增强现实等技术在短视频中的应用，为用户带来更加丰富和沉浸式的体验。同时，不断加强对内容审核和管理的力度，确保平台上的内容符合法律法规和社会公序良俗。回顾抖音的发展历程，从 2016 年的诞生到如今的成熟与多元化发展，它凭借着不断的创新、优质的内容和强大的技术实力，成为全球最具影响力的短视频平台之一。

3. 新浪微博

2009 年 8 月，新浪微博正式上线。它是由新浪网推出的一款提供微型博客服务的社交平台。在当时的中国互联网环境中，社交网络主要以博客、论坛等形式存在，而新浪微博的出现带来了一种全新的社交体验。上线初期，新浪微博凭借新浪网在互联网领域的深厚积累和广泛影响力，迅速吸引了一批用户。它以简洁的界面、便捷的发布方式和快速的信息传播速度为特点。用户可以通过网页、手机客户端等多种渠道随时随地发布文字、图片、视频等内容，分享自己的生活点滴、观点见解和各种信息。在功能设计上，新浪微博推出了"关注""粉丝""@提及""话题"等特色功能。用户可以根据自己的兴趣和需求关注感兴趣的人、机构或话题，从而获取相关的信息动态。"@提及"功能方便用户之间的互动交流；"话题"可以将具有相同关注点的用户聚集在一起，形成信息的集中讨论和传播。

2010年，新浪微博迎来了快速发展的一年。众多明星、名人、媒体机构纷纷入驻新浪微博。这些公众人物的加入带来了大量的粉丝关注，进一步地提升了新浪微博的知名度和影响力。例如，一些明星成为早期新浪微博上备受关注的用户，他们的每条微博都能引发大量的评论和转发。同时，一些重大事件的传播也让新浪微博的影响力得到了彰显。在2010年的玉树地震中，新浪微博成为信息传播和救援动员的重要平台。用户通过微博发布灾区的最新情况、求助信息以及救援进展，许多公益组织和个人也通过微博发起募捐和救援行动。

2011年和2012年，新浪微博继续扩大用户规模和提升用户活跃度。一方面，不断优化产品功能，推出了长微博、微群等新功能。长微博满足了用户发布较长内容的需求，微群加强了用户之间的群体交流和互动。另一方面，加强与各类合作伙伴的合作，包括与电商平台合作开展营销活动，与传统媒体合作进行新闻传播等。

从2013年开始，新浪微博进入了快速扩张和多元化发展阶段。在用户群体方面，不仅继续吸引更多的普通用户加入，而且针对不同领域和行业的专业用户推出了一系列的扶持和发展计划。例如，针对科技领域的博主，推出了"科技大V"计划，鼓励他们分享科技资讯和专业知识。在内容方面，除了生活娱乐类内容，更加注重专业、深度内容的培育。财经、科技、文化等领域的专业内容开始在新浪微博上大量涌现。2014年，新浪微博在商业化方面迈出了重要的步伐。推出了多种广告形式，如信息流广告、品牌话题推广等。这些广告形式在不影响用户体验的前提下，为企业和品牌提供了有效的营销渠道。同时，新浪微博积极探索电商合作模式，通过与电商平台的链接，实现了从内容到消费的转化。2015 年，微博直播功能上线。这一功能进一步地丰富了信息传播的形式，让用户能够更加直观、实时地获取信息。无论是明星的直播活动，还是新闻事件的现场直播，都吸引了大量用户的关注和参与。同时，微博在这一年加强了对移动互联网的布局，优化了手机客户端的功能和体验，以适应移动互联网时代用户的需求。2016 年，新浪微博在内容生态建设上持续发力。一方面，加大对优质内容创作者的扶持力度，推出了内容激励计划，鼓励创作者生产更多高质量的内容。另一方面，加强了对内容的管理和审核，打击不良信息和虚假内容，维护平台的健康生态。从 2017 年起，新浪微博进入了成熟稳定与创新发展的新阶段。在技术创新方面，不断引入人工智能、大数据等先进技术，提升内容推荐的精准度和用户体验。通过对用户兴趣和行为的分析，为用户提供更加个性化的内容推荐。在功能创新上，推出了微博故事、超话社区等新功能。微博故事以短视频的形式，让用户可以分享更加生动、即时的生活瞬间。超话社区则为粉丝群体提供了一个更加集中、活跃的交流空间，增强了粉丝之间的互动和凝聚力。在社会影响力方面，新浪微博在公共事务、社会热点等领域发挥着越来越重要的作用。在各种突发公共事件中，如自然灾害、公共卫生事件等，新浪微博成为信息发布、救援组织、舆论引导的重要平台。同时，新浪微博在国际舞台上的影响力不断提升。越来越多的国际机构、名人开始使用新浪微博进行信息发布和交流互动，成为中国与世界沟通的重要桥梁之一。

一般认为，新浪微博的社会动员功能主要有以下 4 个方面。

（1）公益活动动员。新浪微博在公益活动动员方面发挥了巨大的作用。许多公益组织和爱心人士通过微博发起公益项目和募捐活动。例如"免费午餐"项目，通过微博的传播和动员，吸引了大量网友的关注和支持。网友不仅纷纷捐款，而且通过转发、评论等方式扩大了项目的影响力，让更多的人了解到贫困地区学生的饮食问题。在环保领域，一些环保组织通过新浪微博发布环保倡议，组织环保行动。如"地球 1 小时"活动，通过微博上的话题讨论和宣传，动员了大量用户在特定时间关闭不必要的灯光，以实际行动支持节能减排。

（2）社会救助动员。在社会救助方面，新浪微博展现出强大的动员能力。当遇到自然灾害、突发事件等情况时，微博上会迅速出现大量的求助信息和救援信息。例如，在一些地震灾害中，灾区群众通过微博发布求助信息，包括受伤人员的救治需求、物资短缺情况等。各地的救援力量、志愿者以及爱心人士通过微博获取这些信息后，迅速组织起来，投入到救援和救助工作中。同时，微博上的爱心接力常常能够帮助一些走失人员、失踪儿童等找到家人。网友通过转发扩散相关信息，为寻找提供了重要的线索和支持。

（3）舆论监督动员。新浪微博也是舆论监督的重要平台。当出现一些社会不良现象、违法违规行为时，网友通过微博曝光和讨论，形成强大的舆论压力，推动问题的解决。比如一些食品安全问题、环境污染问题等，通过微博上的舆论发酵，引起了相关部门的重视，促使其采取措施进行整治。此外，对于一些政府部门的工作，微博也起到了监督和促进的作用。公众可以通过微博对政府的政策执行、公共服务等方面提出意见和建议，推动政府部门改进工作、提高效率。

（4）文化活动动员。在文化领域，新浪微博也具有强大的动员功能。各种文化活动，如电影节、音乐节、艺术展览等，通过微博进行宣传和推广，吸引了大量的观众和参与者。例如一些小众的文艺电影，通过微博上的影评人和电影爱好者的推荐，引发了更多人的关注，从而提高了电影的票房和影响力。同时，一些传统文化活动也借助微博得到了更好的传承和发展。如一些非物质文化遗产项目，通过微博的传播，让更多的年轻人了解和关注，激发了他们对传统文化的兴趣和热爱，促进了传统文化的传承和创新。

新浪微博在过去的十多年里，从一个新兴的社交平台发展成为具有广泛影响力的综合性信息平台。它不仅改变了人们的社交方式和信息获取方

式，而且通过其强大的社会动员功能，在公益、救助、监督、文化等多个
领域发挥着重要的作用，为推动社会的发展和进步作出了积极的贡献。

4. 腾讯 QQ

1999 年 2 月，腾讯正式推出第一个即时通信软件——"OICQ"，之
后改名为腾讯 QQ。它支持在线聊天、视频聊天以及语音聊天、点对点断
点续传文件、共享文件、网络硬盘、自定义面板、远程控制、QQ 邮箱、
传送离线文件等多种功能，并可与多种通信方式相连。QQ 是介于"强关
系"和"弱关系"中间地带的社会化媒体，用户对其使用而形成的互动模
式，既包括熟人之间的私人聊天，也包括陌生人之间的开放交流；既包括
单一账号对接单一账号的虚拟人际传播（点对点），也包括单一账号对接
多个账号的线上沟通组群（点对面）。在基于 QQ 的线上社交中，QQ 群聊
是一项重要的功能，其源于网络的开放性及其自身的免费特征，允许网民
便捷地进入且自由地发表声音和观点，为互联网公共空间的塑造提供了技
术环境的契机。"哈贝马斯认为，公共空间是一个讲坛，在这里市民就他
们的公共事务进行协商，进而引起一种话语相互作用的场所。这个场所是
区别于国家和政府的，它是生产和传播对政府质疑的话语的场所。"[97] 然
而，由于受到中国传播环境和相关法令的制约，互联网在中国的发展不能
任由其迈向哈贝马斯心中完全意义上的"公共空间"，而是要趋向"具有
中国特色的公共领域"。QQ 群聊是以群组为单位构建而成的不同于聊天室、
贴吧、论坛的话语场域，是具有中国特色的公共领域，它既是一处传播空
间，又是一个传播社群，主要包括两种类型。

（1）基于共同的兴趣、爱好或者特定的话题、事件而组成的群聊。
此类群聊如明星后援群、品牌购物群、行业培训群、图书分享群等，是
以"弱关系"和"物缘""网缘"为特征的线上社群，其形成过程和互动
交往具有偶然性。群聊内成员多以匿名身份（虚拟的网名和数字化的 QQ
号码）作为交流的凭证，成员具有真实和虚拟的双重身份，相互之间无
法了解彼此的现实背景，这种群聊中的交际绝大多数是纯粹匿名性的网

络聊天。

（2）基于现实关系和既有的群体而建立的群聊。此类群聊如同学群、同事群、家族群、业主群等，是以"强关系"和"亲缘""地缘""情缘"为特征的线上社群。其形成过程和互动交往一般是对现实社会网络的数字化投射和延伸，是方便现实群体交际沟通的网络环境。群聊内成员在多数情况下彼此熟悉，其虚拟的网名是真实身份的附加标签，其身份直接指向共同交集的线下生活。与第一种类型的群聊不同，在此种类型的群聊中，虚拟的网名和真实的身份是重叠的，既表现为"虚拟身份的真实化"，又表现为"现实身份的虚拟化"。因此，这种群聊中的交际既不同于纯粹匿名性的网络聊天，也不同于完全现实感的人际谈话，而是受到现实世界和网络空间的双重规制，产生了独特的网络社会交往环境。

"从传播学意义上说：公共领域指的是私人聚集而形成的一种公共空间，是供人们自由集会、讨论、沟通以形成意见的地方。也是一种形成民意或共识的社会生活区域，在这个空间所有参与者都有同等的表达意见的机会。"[98]

西玛（Sima）和帕格斯利（Pugsley）认为："个人的声音有时能表现为集体的声音，也就是中国新一代的声音。"[99]大量个体的网民通过参与QQ群聊的方式来了解和传播本次行动的具体细节，进而产生一种情绪和事件的直播效应，导致集体舆论的激荡。与同时期亦能发挥动员效应的博客与论坛的关系结构有所不同，QQ群空间较为封闭和狭窄，其"申请—加入—群规—治理"的执行程序类似于一种把关机制和集体压力，限制或引导人员的加入和话题的构建。现实社会关系的复杂性决定了线上QQ群聊的多元性，其人员结构既可以是以"强关系"为特色的同学群、同事群、家族群，也可以是以"弱关系"为标志的兴趣群、行业群、交友群。在QQ群的具体发展中，"弱关系"的成员结构往往由于信息交流、情感沟通、话题讨论等活动的开展而迈向"强关系"。这种把关机制在一定程度上确保了"人以类聚"，即在最开始加入时，大多数成员往往秉持类似的观点或一致的意见，在其后的交流过程中，由于受到群体协同过滤效果的影响，声音及情感亦常常朝着某一特定方向趋近。众人在趋向强关系的传播路径中，极易构成社会动员的合力，增强社会动员的效果。由此可见，真实世界里强有力的集体生活经验足以渗入个体的互联网生活经验，有助于群体身份的维持和集体行动的开展。

（五）动员客体

动员客体是动员主体的目标对象，是动员活动的重要构成部分。在整个社会动员的宏大画卷中，动员客体如同不可或缺的拼图碎片，对动员活动的完整性和有效性起着至关重要的作用。作为在动员活动中与动员主体同等重要的参与者，动员客体的群体构成、价值观念、配合程度等自身情况影响着动员活动的顺利进行。群体构成的多样性决定了动员客体对于不同动员主题和策略的反应差异。比如，在环保主题的社会动员活动中，动员客体可能涵盖各个年龄段、不同职业背景的人群。年轻一代可能因为接受新观念较快，对环保理念有更深入的理解，更积极地响应环保活动，如参与垃圾分类宣传、绿色出行倡议等；而年长一些的人群，可能基于多年的生活经验和习惯，对一些新的环保措施需要一定的时间来适应和接受。

价值观念在动员客体的参与行为中起着深层次的引领作用。以公益慈善动员为例，那些秉持着关爱他人、回报社会等价值观念的人群，会更主动地参与到公益活动中。比如，在为贫困地区儿童募捐活动中，一些人因为内心深处对教育公平和儿童成长的重视，毫不犹豫地伸出援手，不仅捐款捐物，而且积极宣传，带动身边更多的人参与进来。他们的价值观念促使其成为公益动员的积极响应者，推动着活动的顺利开展。配合程度直接关系到动员活动能否达到预期目标。在一些应急救援的社会动员中，动员客体的配合程度至关重要。当发生自然灾害（如地震、洪水等）时，救援物资的筹集和分配需要广大民众的配合。那些积极配合的动员客体会迅速响应号召，为受灾地区捐赠急需的生活物资和医疗用品。相反，如果动员客体配合度不高，那么可能会导致救援工作受阻，影响受灾群众的生活和救援进度。

根据既往的案例可以发现，动员客体主要是由异质而分散的个体构成的。当然，动员客体的范围亦包括各类社会组织，但占比不高。在个体层面，以互联网上的公益众筹活动为例。当一个家庭遭遇重大疾病或突发意外，面临高昂的医疗费用时，可通过互联网平台发起众筹。众多分散在各地的陌生个体成为动员客体。这些个体可能来自不同的城市、从事不同的职业，但他们因为在互联网上看到了求助信息，出于同情、关爱等情感和帮助他人的意愿，纷纷伸出援手。有的人可能只是捐出几元、几十元，但众多个体的微小力量汇聚起来，就可能为这个家庭解决燃眉之急。比如，曾有一名偏远地区的农民，他的孩子不幸患上重病，家庭无力承担巨额医疗费用。通过网络众筹平台发布信息后，无数素不相识的个体积极响应，从学生到上班族，从普通工人到企业高管，大家纷纷捐款，最终帮助这个家庭筹集到足够的治疗费用，让孩子得到了及时的救治。

在社会组织方面，虽然占比相对较小，但也发挥着重要的作用。比如一些行业协会在特定领域的社会动员中扮演着关键角色。在科技领域，某些科技行业协会在推动科技创新和人才培养的动员活动中，会积极组织会员企业参与。这些企业作为社会组织的成员，在协会动员下，共同投入资源，开展科技研发合作、举办技术培训等活动。例如，在一些新兴技术的研发推广中，相关科技行业协会组织企业进行联合攻关，企业相互配合，共享技术和资源，共同推动技术的进步和应用，为整个行业的发展注入了强大动力。

由于"传播—反馈"机制的客观存在，在互联网社会动员的演进过程中，动员主体与动员客体往往处于可以互相转化的对等关系中。在一些社会热点事件的讨论中，这种相互转化体现得尤为明显。比如，在某个城市规划议题引发的社会动员中，最初可能是一些专家学者或相关机构作为动员主体，在网络上发布关于城市规划的建议和分析。广大网民作为动员客体，接受这些信息并开始参与讨论。随着讨论的深入，一些网民凭借自己的专业知识或独特见解，也开始发布有价值的观点和建议，此时这些网民就从动员客体转化为动员主体。他们的观点又会影响其他网民和最初的动员主体，形成了一个动态的互动循环。

在环保活动中，也有类似的情况。环保组织作为动员主体发起环保倡议，如减少一次性塑料制品的使用。广大民众开始是动员客体，接受这一倡议并逐渐改变自己的生活习惯。但有些民众在实践过程中，积累了丰富的环保经验，他们会通过网络分享自己的环保小妙招和心得，吸引更多的人参与环保行动。这些民众就从动员客体转变为新的动员主体，进一步地扩大了环保活动的影响力。在网络慈善活动中，同样存在这种转化。慈善机构作为动员主体发起募捐活动，爱心人士作为动员客体进行捐款。而一些爱心人士会将自己的捐款经历和感受分享到网络上，这种积极的反馈会吸引更多的人关注和参与，他们也就成为新的动员主体，推动着慈善活动不断发展。

又如，在一些消费者维权事件中，最初是消费者个体作为动员主体，因为自身权益受到侵害而在网络上发声。随着事件的发酵，一些法律专家、媒体人士等加入进来，成为新的动员主体，为消费者提供专业支持和舆论引导。而消费者在这个过程中，也通过不断学习和分享经验，从单纯的动员客体转变为能够与其他主体共同推动维权行动的力量。

第五章　互联网社会动员的社会作用

一、互联网社会动员的积极作用

（一）有助于保护弱者权利

互联网作为当今时代最为重要的发明之一，无疑是一把双刃剑。它是一种中立的工具，在不同的群体手中发挥着不同的作用。一方面，互联网可以被弱势群体用来增强自己的力量。比如，在一些偏远地区，农民通过互联网了解到最新的农产品市场信息，利用电商平台将自己的农产品销售到全国各地，打破了传统销售模式中信息不对称和渠道受限的困境，提升了自身的经济收益和社会地位。还有一些罕见病患者群体，他们借助互联网发起公益活动，让更多的人了解罕见病，为罕见病的研究和治疗争取到更多的资源和支持。在一些社会权益受到侵害的事件中，弱势群体通过网络曝光和舆论呼吁，引起社会的广泛关注，推动问题的解决。另一方面，互联网可以被强势群体利用。例如，一些大型企业利用互联网进行品牌推广和市场拓展，进一步巩固自己的市场地位和经济实力。一些拥有丰富资源和权力的机构也通过互联网发布信息，引导舆论，维护自身的形象和利益。

然而，总的来说，互联网社会动员对于弱者权利的保护作用更为明显。在面对不公正的待遇和权益侵害时，弱势群体往往缺乏传统的资源和渠道来表达自己的诉求。但互联网的出现改变了这一局面，它为弱势群体提供了一个相对平等的发声平台。当然，我们也不能忽略互联网社会动员对强势群体权利的促进和保护作用。强势群体同样可以利用互联网来维护自身的合法权益，比如在知识产权保护、商业竞争等方面，互联网可以帮助他们收集信息、协调资源、解决问题。

一般情况下，就大规模的互联网社会动员而言，当代表强势群体的成员和代表弱势群体的成员发生冲突时，弱势群体往往更容易获得更多的道义资源的支持。比如，在一些劳动纠纷事件中，当普通劳动者与企业发生矛盾时，劳动者通过网络曝光企业的不合理行为，往往会得到广大网友的同情和支持，社会舆论也会倾向于弱势群体，促使企业正视问题，解决纠纷。从这个意义上说，互联网社会动员更有利于对弱者权利的保护。

（二）有助于充分表达民意

在当今的中国社会，民意伸张具有强烈的需求。随着中国社会的不断转型，诸多新的问题与矛盾逐渐涌现。在经济领域，一些地区在产业结构调整过程中，部分传统企业面临转型升级的压力，导致一些工人面临失业或再就业的困境。这些工人迫切需要一条渠道来表达他们对于自身权益保障以及未来生活规划的诉求。在城市发展中，拆迁安置问题也时有发生，一些居民对于拆迁补偿标准、安置地点等存在疑问和不满，他们渴望通过有效的途径来反映自己的想法。社会转型时期出现的种种问题，都成为民众急需表达申诉的最直接理由。同时，随着市场经济的蓬勃发展和市场竞争环境的持续改善，民众的自我意识、公民意识和民主意识也在不断提高，这进一步成为民意表达的内在驱动。人们不再仅仅满足于被动地接受信息和安排，而是希望积极参与到社会事务的讨论和决策中。

互联网恰好在这个关键时期，给民众构建了一个至关重要的公共话语空间。在这个空间里，无论是繁华都市的白领，还是偏远乡村的农民，都能够平等地发表自己的观点和看法。比如，在一些知名的网络论坛上，人们围绕着教育公平、医疗改革、环境保护等热点话题展开热烈的讨论。网民分享着自己的亲身经历和思考，为推动社会问题的解决提供了丰富的思路和建议。在这里，民意的自由表达成为可能和常态化。

当今，互联网已经毫无疑问地成为强势的社会舞台。它是信息的发源地，各种新闻资讯、专业知识、生活经验等在这里源源不断地产生和传播。比如一些科技博主通过网络分享最新的科技动态和创新成果，为人们打开了一扇了解世界科技前沿的窗户。同时，它也是民意的"发泄场"。当一些社会不公事件发生时，互联网能够迅速汇聚起民众的关注和声音。如某些食品安全事件，网民在网络上纷纷表达自己的愤怒和担忧，促使相关部门迅速采取行动，加强监管力度。

互联网的兴起大大改善了以往公众公开表达民意时的被动局面。在过去，民众的声音往往难以迅速有效地传达给决策层和社会大众。但现在，通过微博、微信、短视频等多种网络平台，民意可以在极短的时间内广泛传播，引起社会各界的重视。例如，在一些地方政策制定过程中，政府部门会通过网络征求民众的意见和建议，让民众真正参与到政策的制定中，使政策更加符合民意，更具科学性和合理性。总之，互联网为民意伸张提供了前所未有的机遇和平台，在推动中国社会的进步和发展中发挥着至关重要的作用。

（三）有助于推动更广泛的民主参与和监督

互联网社会动员促使了人们对公共事务的关注和参与，促进了平等、参与、共享等民主意识的传播。互联网社会动员对民主化进程的推动主要表现在以下两个方面：

1. 民主参与

在当今信息时代，互联网社会动员正逐渐展现出对民主进程的深远影响。互联网社会动员本身蕴含着巨大的民主潜力，犹如一股强大的动力源泉，促使民主更加富有活力。

首先，互联网极大地降低了信息分配和参与的成本。在过去，信息的传播和获取往往受到诸多限制，无论是纸质媒体的发行范围、广播电视的信号覆盖，还是信息传递的时间延迟等，都在一定程度上制约着民众参与民主活动的积极性。然而，互联网的出现彻底地改变了这一局面。如今，人们只需一部智能手机或一台电脑，通过连接网络，便能轻松地获取来自世界各地的海量信息。无论是时事新闻、政策法规，还是各类专业知识和社会动态，都能瞬间呈现在眼前。例如，在一些偏远的农村地区，过去村民获取信息的渠道极为有限，对于国家的政策方针和民主参与的途径了解甚少。但随着互联网的普及，即使身处深山的农民，也能通过网络了解到国家的惠农政策、民主选举的相关信息等，这为他们参与民主决策提供了有力的支持。信息成本的降低，使更多的人能够便捷地参与到民主活动中，不再因信息匮乏而被边缘化。

其次，互联网提高了人们的集体认同感。在网络空间中，人们可以基于共同的兴趣爱好、价值观或社会目标而聚集在一起。各种网络社区、论坛、社交平台成为人们交流和互动的重要场所。在这里，人们分享彼此的经验、观点和情感，逐渐形成一种强烈的群体归属感和认同感。以环保领域为例，许多环保组织通过互联网建立起自己的网站和社交账号，吸引了大量关注环保问题的网民加入。这些网民来自不同的地区、不同的职业，但都因为对环境保护的共同关切而汇聚在一起。他们在网络上共同讨论环保策略、分享环保经验，并且通过网络发起各种环保活动和倡议。这种基于互联网的集体认同感，使得人们更加愿意为了共同的目标而行动，积极参与到民主活动中，为推动社会的进步和变革贡献自己的力量。

最后，伴随着认同感的提高，网络动员也会推动网络社区的发展。网络社区的繁荣不仅为人们提供了一个交流和互动的平台，更成为民主参与的重要阵地。在网络社区中，人们可以自由地发表自己的观点和看法，对社会问题进行深入的讨论和分析。同时，网络社区为各种社会运动和民主倡议提供了组织和动员的平台。比如一些专业领域的网络社区，如科技社区、文化社区等，成员在社区中不仅进行学术交流和知识分享，而且会就相关领域的政策法规和发展方向进行讨论。这些讨论和建议往往会引起政府部门和社会各界的关注，从而推动相关政策的制定和完善。

网络动员对提高我国网民的民众参与热情起到了至关重要的作用，这主要表现在以下两个阶段。

（1）民主协商。尽管有的学者依然对我国互联网空间能否形成理性讨论和交流的公共领域存在疑虑，但不可否认的是，互联网社会动员拓展了民众参与和民众讨论的空间，这是一个不争的事实。诚然，互联网空间中确实存在着一些非理性的言论和行为，一些网络谣言、虚假信息也曾在一定程度上扰乱了网络秩序，影响了人们对网络公共领域的认知。然而，我们不能因噎废食，忽视互联网在推动民主协商方面所发挥的巨大作用。

互联网虽然尚未成为一种绝对理想的商谈环境，但通过这种网络民主协商，民主的成果不断得到巩固。厦门PX项目事件就是一个典型的例子。当时，厦门PX项目引发了广泛的社会关注和争议。面对民众的关切和质疑，政府并没有选择回避或强行推进项目，而是积极利用互联网开设网上调查平台，征求人们对项目的态度。这一举措充分体现了政府对民意的尊重和对民主协商的重视。通过网上调查平台，民众可以自由地表达自己对PX项目的看法和意见。无论是支持还是反对，每种声音都能得到倾听和重视。随后，政府又通过互联网报名的方式，抽选网民组成听证会，对项目进行环评。在听证会上，来自不同行业、不同背景的网民代表充分发表了自己的观点和建议，专家学者也对项目的环境影响进行了科学的分析和评估。经过充分的民主协商和科学论证，最终政府决定将项目迁出厦门。

这一事件的成功解决，不仅彰显了互联网在民主协商中的重要作用，而且为今后处理类似的社会问题提供了宝贵的经验。在整个过程中，互联网成为政府与民众沟通的桥梁，打破了传统沟通方式的时空限制，让更多的人能够参与到民主协商中。民主协商的可贵之处在于能够保障每个人的平等发言和表达的权利。在网络动员之下，尤其要注意塑造良好的民主氛围，防止"舆论一律"和网络暴力等侵权行为的发生。在网络空间中，由于匿名性等特点，一些不良行为容易滋生。"舆论一律"现象可能会导致片面的观点占据主导，压制不同的声音，从而影响民主协商的公正性和客观性。例如，在某些热点事件中，一些网民可能会盲目跟风，形成一边倒的舆论态势，而忽视了事件的复杂性和多样性。而网络暴力更是对他人的合法权益造成了严重的侵害，破坏了网络民主的生态环境。

（2）网络调查。它主要是指网民由"线上"走到"线下"，直接参与有争议的公共网络事件的调查。这一形式的出现，既反映了政府网络素养的提高，也表明网民已经作为一支重要的力量日益发挥着重要的作用。"躲猫猫"事件是影响最大、最早的网民民主调查之一。2009年，云南晋宁一男子在看守所死亡，警方称其是在与狱友玩"躲猫猫"游戏时受伤不治身亡。这一说法引发了社会各界的质疑和不满。为了回应公众的关切，由网名为"风之末端"的网民为主席的调查委员会对"躲猫猫"事件进行了调查。

尽管调查结果可能不尽如人意，但这种民主的方式值得肯定。在调查过程中，网民积极发挥自己的作用，通过实地走访、查阅资料、询问相关人员等方式，试图还原事件的真相。这一行动体现了网民对社会公共事务的高度关注和积极参与，也为今后的网络调查提供了有益的借鉴。随着时间的推移，越来越多的网络调查不断涌现。比如，在一些食品安全事件中，当消费者对某一食品的质量安全产生质疑时，网民会自发组织起来，对相关企业的生产过程、原材料来源等进行调查。他们通过网络收集信息、分享线索，甚至亲自前往生产现场进行实地查看。这些网络调查不仅对企业起到了监督作用，而且促使政府部门加强对食品安全的监管，保障了消费者的合法权益。

在一些环境污染事件中，网民也会通过网络调查来推动问题的解决。当发现某个地区出现环境污染问题时，网民会利用网络平台发布信息，组织志愿者进行实地采样和检测，将调查结果反馈给政府和相关部门，促使其采取有效的治理措施。此外，网络调查还在公共政策制定、社会治理等方面发挥着重要作用。在一些城市规划项目中，网民通过网络调查收集市民的意见和建议，为政府的决策提供参考。在社区治理中，网民也会通过网络调查了解居民的需求和问题，推动社区的和谐发展。

总之，网络调查作为互联网社会动员的一种重要形式，为网民参与社会事务提供了新的途径和方式。它不仅增强了网民的民主意识和社会责任感，而且推动了政府治理能力的提升和社会的进步。在未来的发展中，我们应进一步完善网络调查的机制和方法，充分发挥其在民主参与和社会治理中的积极作用，让互联网社会动员更好地服务于民主发展和社会进步。

2. 网络监督

在当今社会，网络动员在推动人们对政府的社会监督方面正发挥着愈发关键且不可忽视的作用。目前，互联网已经成为中国公众监督政府的至关重要的手段。在互联网的广袤世界里，人们能够自由且便捷地反映社会各个领域存在的问题。无论是教育资源分配的不均衡，还是医疗保障体系中的某些漏洞；无论是城市基础设施建设的滞后，还是乡村发展面临的困境，公众都能通过网络将这些问题一一呈现出来。同时，人们会针对政府的工作积极地提出建议和批评。政府部门也越来越重视这些来自网络的声音，将其作为改进工作、提升治理水平的重要依据。

网络监督作为一种新型的网络舆论监督方式，具有独特的优势。它极大地降低了公民进行民主监督的心理负担。在传统的监督方式中，公民可能会担心因监督行为而遭受不必要的麻烦或压力。但在网络世界里，人们可以相对自由地表达自己的观点和看法。比如，一些网民可以在网络论坛上以匿名的方式发表对政府某些政策或举措的疑问和思考，不用担心直接的报复或打击，这大大地提高了公民进行民主监督的积极性，进而提升了民主监督的效果。

一个典型的例子是被称为"网络反腐第一例"的周××事件。首先周××的不当言论引发了网民的关注，随后其又被网民爆料抽"天价烟"。这一信息在网络上迅速传播，形成了网络热点。网民纷纷通过各种渠道表达对这一现象的质疑和不满，相关部门也迅速介入调查。最终，周××因存在严重违纪违法问题受到了应有的惩处。由这个事件可窥网络监督的强大力量和显著效果之一斑。

网络动员确实有利于对政府的监督。虽然我国宪法规定，我国公民有监督各级政府及其官员的权利，但在前网络时代，这种权利的落实往往受到各种障碍的制约。信息传播的速度较慢、渠道有限，公民的声音难以快速有效地传达给相关部门。而网络监督的出现改变了这一局面。它使得公民对政府监督的成本极为低廉，只需要一台电脑或一部手机以及网络连接，就可以随时随地发表自己的监督意见。而且，在网络世界里，任何人都有可能成为网络监督的主体，无论其身份、地位、职业如何。这种广泛的参与性，使得宪法规定的公民监督权真正落到实处。

如今，可以看到，越来越多的民众开始选择把互联网当作对政府监督的重要工具。比如，在一些地方政府的重大项目决策过程中，网民会通过网络平台提出自己的看法和建议，促使政府在决策时更加科学、合理。在环保领域，当发现某些企业存在违规排污等问题时，民众会通过网络曝光，推动政府加强监管和执法力度。网络监督已经成为推动政府依法行政、廉洁从政的重要力量，它让政府的权力在阳光下运行，让社会更加公平正义、和谐稳定。

（四）有助于形成压力集团

《舆论学概论》中对压力集团的定义是"带领某个阶级和阶层诉诸舆论行为的具体社会组织，具有政治或经济舆论功能，在它背后都有一个利益集团，有的直接受利益集团的支持"[100]。压力集团与利益集团存在着一定的差异。利益集团的主要标志是一群人拥有相同的利益，但不一定以具体的组织形式呈现。相比之下，压力集团是一个明确的组织形态。利益集团在很多时候会选择以压力集团作为表达自身意愿和诉求的工具。压力集团本质上是维护特殊利益、实现特定目标的重要手段，其肩负着参与政治行动的使命，并且善于运用舆论手段来对政府公共政策的制定与执行施加影响。

在互联网时代，当焦点事件发生并开始在互联网上传播后，往往会引发一系列连锁反应。网民会迅速且敏锐地做出回应，他们在各大网站以及各个论坛上，积极地发表自己的意见。互联网的特性使得信息能够以极快的速度传播和扩散，网民之间以"多对多"的交流方式在网络空间里发起热议。在这种情况下，这些源于民众的自发性抗议，在互联网的催化作用下，很容易自发地形成有组织的网上集体行动，进而促成互联网社会动员。压力集团正是巧妙地利用了这种方式。通过互联网的传播力和影响力，当某一事件引起广泛关注时，压力集团能够引导舆论走向，引起媒介和公众对特定事件的高度关注，从而给政府形成强大的压力，促使政府采取相应的行动和措施。

以 2009 年 2 月的"躲猫猫"事件为例，这一事件在网络上引发了强烈的热议。这一事件发生后，网民纷纷在网络上表达自己的看法和质疑。随着事件在网络上不断发酵，云南省政府给予高度重视。宣布遴选网民以及社会人士组建调查委员会，前往事发地进行实地调查。中共云南省委宣传部副部长对此进行解释时提到，在以前面对这种公共舆论事件时，常规的做法有四种选择：一是"拖"，试图通过时间的推移让事件的热度逐渐降低；二是"堵"，通过各种手段限制信息的传播和扩散；三是"删"，删除网络上的相关信息；四是"等"，等待事件自行平息。[101] 但在这次"躲猫猫"事件中，云南省政府选择了走向公开、透明，这显示出政府处理公共舆论事件的理念和方式正在发生积极的转变。

政府能够正视民意，具有多方面的重要意义。一方面，这表明"以人为本"的治国理念并不只是空洞的套话，而是切实地体现在政府的行动中。政府在面对公众的关切和质疑时，不再采取回避或敷衍的态度，而是积极回应，努力解决问题，真正把人民的利益放在首位。另一方面，显示出政府对合法性危机的感受与日俱增。在现代社会，政府的合法性来源于民众的认可和支持。当出现公共舆论事件时，如果政府不能及时、有效地处理，那么可能引发合法性危机。因此，政府必须高度重视民意，积极回应民众的诉求。

李永刚认为，民意对政府行为改变的直接促动，可以从以下两个方面来理解[102]。首先，在互联网时代，民众可以通过各种渠道获取信息，并进行传播和分享；其次，某些事件引起广泛关注，成为热点后，官方也会尊重民意，快速跟进和妥善处置。

总之，压力集团在互联网社会动员中扮演着重要的角色，通过引导民意、引起关注，推动政府公共政策的优化和改进。而民意在互联网时代的影响力日益凸显，对政府行为的改变起到了直接的促动作用，促进了社会的进步和发展。

（五）有助于释放社会的深层压力

在现代社会中，互联网社会动员的出现，更让社会冲突迅速走向公开化和社会化，这一现象带来了多方面的影响。诚然，互联网社会动员具有聚集能量的效应，在短期内可能会增加一定的社会压力。然而，从长远来看，它通过多种方式有效地释放了社会的深层压力，对社会的稳定和发展具有至关重要的意义。

1. 提升认同感和归属感

马斯洛需求层次理论深刻地指出，人类有五种基本需求，即生理需求、安全需求、归属需求、尊重需求、自我实现需求。在这一理论体系中，归属需求占据着极为重要的地位，它宛如连接低级需要和高级需要的关键纽带。正如常健在《公共冲突管理》中所提及的那样，"通常来说，由单独的个人转变为集体成员，进而成为组织的成员，与其他成员共享目标、策略和有目的的行为，会大幅度提升正面的自我评价，提升属于一个有意义的事业和有意义的团体的感受。"[103] 总的来说，认同感和归属感是人的一种不可或缺的心理需要，较强的认同感和归属感不仅可以极大地提升公众的满意度，而且可以有效地缓和情绪，进而减轻社会压力。反之，如果认同感和归属感缺失了，社会成员会如同漂泊的孤舟，缺乏心灵的归宿，紧张的情绪也难以得到释放。如此，反而会增加社会的压力。

互联网社会动员在提升网民认同感和归属感方面发挥着显著的作用。

首先，互联网极大地拓展了人们交往的空间。在这个虚拟的网络世界里，无论网民具有何种身份、何种性格，总能在浩如烟海的网络空间中找到与自己的观点相近或相似的其他网民。换句话说，网民在上网时往往倾向于登录与自己观点相近的网站。在这些网站中，他们之间的交流并不仅仅局限于观点的碰撞，更是情感的交融。通过这种碰撞与交融，网民的归属感得以增强。比如一些科技爱好者，他们会聚集在科技类的网站或论坛上，分享自己对于最新科技产品的见解和体验，在与其他同好的交流中，他们会感受到自己是这个科技爱好者群体中的一员，这种归属感油然而生。

其次，网络动员促使了对抗边界的激活。这种激活主要是通过"他"的中介和"我"发生联系，从而促使"我们"意识产生。"我们"意识的产生过程，其实也是认同感和归属感形成的过程。"具有最广泛面相的'我们'身份所引发的强烈共鸣是在网民中建构集体认同感并进一步型塑集体行动框架的基础。"[104] 可以说，"我们"意识正是网络动员发生的心理基础。从短期来看，"我们"意识有可能导致冲突规模的扩大和冲突的升级。例如，在一些网络热点事件中，当一部分网民形成了"我们"的意识，可能会在短时间内使事件的关注度和影响力迅速提升，甚至可能引发一些激烈的讨论和争论。但从长期来看，"我们"意识也促使我们内部的团结和凝聚力不断增强，提升了"我"对"我们"的心理归属和依附。比如，在一些公益活动的网络动员中，网民为了共同的公益目标而汇聚在一起，形成了"我们都是公益行动者"的意识。在这个过程中，大家相互支持、相互鼓励，共同为公益事业贡献力量，这种团结和凝聚力有效地释放了社会的深层压力。

2. 合理发泄情绪

诸如不满、愤怒等负面情绪的聚集往往会伴随着一系列的生理反应，比如出汗、心跳加快、血压升高等。这些负面情绪对人们的影响是多方面的，它不仅会给人们的身体健康带来潜在的威胁，而且会在很大程度上阻碍双方的交流和沟通。聚集的负面情绪如同蒸汽锅中的蒸汽一样，如果没有合适的排气渠道，整个蒸汽锅就会由于蒸汽的压力而爆炸。在社会生活中，过多的负面情绪的聚集同样会引发诸多社会问题。合理发泄情绪是缓解压力的重要通道。这种情绪的发泄可以将敌对情绪转移到替代目标，从而起到降压的"安全阀"作用。正如科塞在《社会冲突的功能》中所言："我们使用'安全阀'制度这个术语用以表示将敌对情绪引向替代对象的制度，而不是指这种制度可以使冲突表现出来。"[105]

　　网络动员有助于公民情绪的发泄。网络动员给公民情绪的发泄提供了合适的借口。网络动员的发起通常需要一定的话语，而维护社会公平往往承担了网络动员的话语支撑。在网络动员的行动者看来，社会不公平的现象在生活中随处可见，他们的任务就是向这个社会喊出自己的声音。在社会公平话语之下，公民在互联网上肆意地发泄情感就获得了某种道义上的支持。"在网络上，通过交流、讨论，网民之间有了共同的话语，形成群体的认同。社会上的不公平、工作中的重压、怀才不遇的感慨以及委屈、愤懑等情绪都可以通过网络宣泄出来并得到回应，从而释放紧张情绪、减缓恐慌心理、消除现实的孤独、补偿难以实现的愿望，获得心理上的平衡和满足。"[106] 例如，在一些网络维权事件中，当消费者遭遇了不公平的消费待遇或者权益受到侵害时，他们会通过网络平台来表达自己的不满和愤怒。在这个过程中，他们的情绪得到了释放，同时引起了其他网民的关注和共鸣，从而有可能推动问题的解决。

　　网络动员的过程是一个争取资源、获得支持的过程。在这个过程中，许多与事件无直接利益相关者的加入，可能使冲突局势的发展变得难以预料。而这些无直接利益相关者并没有具体的利益诉求，他们的加入往往是由于现实社会中缺少表达的渠道，而借此机会来表达他们的不满和发泄情绪。因此，这种情绪发泄并不以挑战现实的社会制度为目标，只是希望自己的诉求得到关注。人们在网络中进行意见表达，并不总是为了参与社会事务，有时仅仅是为了宣泄个人情绪。从这个意义上，网络动员过程中情绪的合理发泄，并不会冲击社会的秩序，反而会从整体上缓解社会的压力。

比如，在一些热点新闻事件讨论中，一些网民可能只是基于自己的情感和观点参与其中，发表自己的看法和感受，这种情绪的表达和发泄是他们在现实生活中难以获得的一种途径。通过在网络上的交流和互动，他们的情绪得到了释放，也在一定程度上缓解了自身的压力。互联网社会动员通过提升认同感和归属感以及合理发泄情绪等方式，有效地释放了社会的深层压力，为社会的和谐稳定发展发挥着重要的作用。

（六）有助于形成新型价值观

在构建和谐社会的宏大征程中，其核心本质便是不断协调利益关系、持续化解社会矛盾。我国目前所面临的众多深层次问题，确实在很大程度上都与利益紧密相连。当我们提及实现公平正义时，归根结底是要构建一种合理的利益分配关系，确保社会不同主体的利益需求都能得到应有的兼顾。公平正义的实质，无疑就是利益关系问题。

随着社会主义市场经济的蓬勃发展以及社会结构的深刻变动，利益关系逐渐走向多元化，人们的思想观念也发生了翻天覆地的变化，这些因素相互交织，使得社会公平问题愈发凸显。在现实生活中，存在如下现象。① 分配有差距。在一些企业中，存在着管理层与普通员工之间薪酬差距过大的问题。管理层拿着高额的薪酬和丰厚的福利待遇，而普通员工却只能获得相对微薄的收入，尽管他们付出的劳动并不少，这种不合理的分配差异容易引发员工的不满情绪。② 待遇有差距。某些地区机关事业单位内，编内人员与编外人员在工资待遇等方面存在差距，可能会引起心理落差。③ 教育有差距。不同地区之间教育资源分配不均衡，大城市的学校拥有先进的教学设施、优秀的师资队伍，而一些偏远山区的学校却面临着师资匮乏、教学设备简陋的困境，这使得山区孩子在起跑线上就与城市孩子拉开了距离。④ 医疗有差距。大城市的大医院集中了优质的医疗资源，患者蜂拥而至；而一些基层医院却门可罗雀，患者难以享受到高质量的医疗服务。这种由身份、地位以及资源占有的差别而导致的不平等，极易激起民众内心的不满，进而引发利益冲突。这正是引发互联网社会动员的重要原因之一。

网络犹如一把神奇的钥匙，为人们开启了一个平等表达意见的广阔平台。在网络空间这个虚拟却又无比真实的世界里，人与人之间的地位是平等的。无论你是身处繁华都市的精英人士，还是来自偏远乡村的普通农民；无论你是富甲一方的企业家，还是生活拮据的打工者，在网络面前，大家都站在同一起跑线上。人们使用着相同的网络资源，拥有着同等的话语权。从这个意义上说，网络确实是一个相对公平的社会。在网络中，人们可以摒弃现实中的种种差别。那些在现实生活中因身份、地位而存在的隔阂，在网络世界里被悄然打破。人们可以抛开财富、权力等因素的束缚，在同等层面上自由地进行交流表达。比如，在各大网络论坛上，不同背景的网友围绕着各种社会热点问题各抒己见，无论是对政策的解读，还是对社会现象的分析，大家都可以畅所欲言、平等地参与讨论。

网络还能够彰显正义。互联网已然成为普通民众尤其是一些弱势群体维护其权益的重要渠道。在现实中，当民众的利益受损，而又由于种种原因找不到适当的表达渠道时，网络便成为他们伸张正义的有力武器。他们诉诸网络，发起动员，通过网络强大的传播力和影响力，引起社会的广泛关注，最终促使问题在现实中得到妥善解决。"魏则西事件"就是一个典型的例子。魏则西是一名身患重病的大学生，他通过百度搜索找到一家医院进行治疗，花费了巨额费用后，病情却没有得到好转，最终不幸离世。他的家人和网友在网络上曝光了这一事件，引发了社会各界对百度竞价排名以及医疗广告乱象的强烈谴责。在网络舆论的强大压力下，相关部门迅速介入调查，对涉事企业和医院进行了严肃处理，推动了互联网医疗广告监管的加强和医疗行业的规范整治。通过网络的力量，正义得到了伸张，受害者的权益得到了维护。

通过网络，人们还可以实现对政府和社会的有效监督。在网络时代，人人都可以参与进来，充分行使公民的监督权。政府部门的工作、企业的经营行为、社会公共事务等都可以成为网络监督的对象。网络监督就像一双双无形的眼睛，时刻关注着社会的各个角落，促进了权力在阳光下运行。例如，一些地方政府在进行重大项目建设时，通过网络平台向公众征求意见，接受公众的监督。公众可以在网上发表自己的看法和建议，对项目的合理性、环保性等方面进行监督，确保项目符合公众利益。还有一些企业的违法违规行为，通过网友的曝光和监督，促使企业进行整改，维护了市场秩序和消费者权益。

通过互联网社会动员，极大地增强了民众维护自身权益的勇气和信心。在网络助力下，民众不再感到孤立无援，他们知道可以通过网络汇聚力量，为自己的权益发声。同时，加深了民众对公平正义的理解。在参与网络讨论和行动的过程中，民众更加深刻地认识到公平正义的内涵和重要性，激发了民众对公平正义的不懈追求。这有助于在全社会形成公平正义的价值观，让公平正义的理念如同阳光一般，照耀在社会的每个角落，引领着社会不断朝着更加公平、正义的方向发展。只有当公平、正义成为全社会共同追求的价值观时，我们的社会才会更加和谐稳定，人民的生活才会更加幸福美满。

（七）有助于增强民族凝聚力

张磊在《中华民族凝聚力学》中对民族凝聚力的定义是"使民族结成统一的有机整体以确保其生存和发展的内在力量"[107]。本尼迪克特·安德森在民族理论研究经典《想象的共同体——民族主义的起源与散布》一书中也深刻地指出："为何民族竟会在人们心中激发如此强烈的依恋之情，促使他们前赴后继为之献身呢？这是因为民族的想象能在人们心中召唤出一种强烈的历史宿命感所致。"[108]

一个崛起的民族必然离不开高昂的民族精神和强大的民族凝聚力。民族凝聚力宛如一条牢固的纽带，维系着民族国家的稳定与团结，它也是一个民族得以生存和发展所必须具备的内聚力和向心力。从本质上看，民族凝聚力表现为一种观念的形态，其中包含着深厚的感情、美好的愿望、崇高的理想以及正确的价值观等，这些宝贵的精神要素蕴藏在每个民族成员的心中。民族凝聚力对于社会的发展具有至关重要的功能。首先，它具有精神激励的功能。在民族面临困难和挑战时，民族凝聚力能够激发民族成员内心深处的斗志和勇气，让他们以更加坚定的信念和不屈的精神去战胜困难。其次，价值整合功能也不容忽视。在多元的社会价值观中，民族凝聚力能够将不同个体的价值观念进行整合，形成一种符合民族整体利益的共同价值追求，使民族成员在价值取向上保持高度的一致性。最后，稳定社会的功能更是关键。当社会出现动荡或不稳定因素时，民族凝聚力可以起到稳定人心、维护社会秩序的作用，让整个社会保持在相对稳定和谐的状态。

民族凝聚力来源于民族精神。一个民族的生存和发展离不开强大的精神支撑。当民族精神被激发之后，它会引导民族成员自觉地将民族、国家利益置于首位，在面对各种情况时，都能做出符合民族和国家利益的选择。同时，它会激励民族成员在他人遇到困难时，主动伸出援助之手，展现出团结互助的精神风貌。民族凝聚力可以化为同舟共济、共克艰难的全国大团结、大协作精神，在面对重大挑战和危机时，发挥出无与伦比的力量。

汶川大地震就是一个生动而震撼的例子。那场突如其来的灾难爆发以后，国家迅速通过互联网对全国人民发起了抗震救灾的动员。在互联网的强大传播力和动员力下，社会救援系统如同被注入了一剂强心针，迅速凝聚和高效运行起来。各种社会力量，包括政府部门、社会组织、企业以及普通民众等，都在互联网的连接下实现了有效的整合。抗震救灾过程中所激发的民族精神，成为灾区群众重建家园、恢复生产的强大动力源泉。全国人民积极响应国家号召，以各种方式为受灾群众献策出力、祝福祈祷。比如心理疏导机制的投入使用。在地震发生后，许多专业的心理工作者通过互联网了解到灾区群众的心理需求，迅速集结并奔赴灾区，为受灾群众提供及时有效的心理疏导服务。他们还运用互联网平台分享心理疏导的经验和方法，让更多的人了解到心理救助的重要性，为灾区群众重建心灵家园发挥了关键作用。

全国哀悼日的设立也是一个重要举措。通过互联网，全国哀悼日的信息迅速传播开来，全国人民在同一时间为遇难同胞默哀。这不仅表达了对逝者的深切缅怀，而且让全国人民在情感上更加紧密地团结在一起，共同分担悲痛，增强了民族凝聚力。还有对死者 DNA 的提取保存记录工作，在互联网上，广大网民积极关注和支持这一工作，提出了许多宝贵的建议和意见。通过网络传播，更多的人了解到这项工作的重要性和必要性，为后续的身份确认和家属安抚工作提供了有力的支持。这些行动彰显了民众社会责任感的增强和对本民族的热爱。在互联网推动下，每个人都意识到自己是民族大家庭的一员，都有责任和义务为抗震救灾贡献力量。这种团结一心、众志成城的精神，极大地增强了中华民族的民族凝聚力。

此外，作为最有效的社会动员方式之一的民族主义，也是增强中华民族凝聚力的重要源泉。合法合规性质的民族主义与国家利益密切相关。在当今全球化时代，国际形势复杂多变，一些西方国家试图利用网络进行西化渗透，对我国的国家利益和民族尊严构成威胁。在面对这些挑战时，网民通过互联网动员，在互联网上掀起了一浪高过一浪的民族主义浪潮。比如，在一些涉及国家主权和领土完整的事件中，网民在网络上积极发声，表达对国家主权的坚定维护和对民族尊严的捍卫。网民通过网络平台传播正确的信息，揭露西方国家的不良企图，激发了广大民众的爱国热情。而且，这种民族主义情怀不仅仅停留在网络上，还在现实生活中付诸行动。许多民众通过参加爱国主题活动、支持国货等方式，表达对国家和民族的认同和归属。在抵制一些损害国家利益的外国品牌的活动中，民众自觉地团结起来，用实际行动维护国家的经济安全和民族产业的发展，加强了民族的团结。

在互联网时代，我们应该更加充分地利用互联网的优势，不断激发民族精神，增强民族凝聚力。通过互联网平台，传播正能量，弘扬民族优秀文化，让更多的人了解和认同民族精神和民族凝聚力的重要性。同时，我们要警惕互联网上的不良信息和不良势力的渗透，保持民族凝聚力的纯洁性和坚定性。民族凝聚力是一个民族的灵魂和脊梁，在互联网时代，我们要善于借助互联网的力量，不断增强民族凝聚力，推动中华民族在伟大复兴的征程上不断前进，让中华民族以更加团结、更加自信的姿态屹立于世界民族之林。

二、互联网社会动员的消极作用

（一）非理性因素易引起社会冲突

在互联网社会动员中，非理性因素的产生根源于社会环境的变动。当前，我国正处于转型期，经济、政治和社会的改革带来了社会各个阶层、群体利益的重新调整，使得社会原有的价值体系受到强烈的冲击，导致人们的心理结构失衡，紧张、焦虑、不满等社会情绪盛行。而网络则给这种情绪提供了排解的渠道，使网民可以在网络上充分地显示"本我"。在网络中"没有人知道你的性别和年龄，没有人与你形成真正意义上的竞争，网络便成了宣泄感情、显示'本我'的最佳地点"[109]。

在网络这个不分民族、没有国界的虚拟社会中，每个网民都可借助虚拟身份畅所欲言。其中不乏理性指导的意见。但同时网络舆论中也存在着大量的非理性因素。一方面，"法不责众"心理，使得一些缺少自律意识的网民在参与讨论时，采取偏激的态度进行个人情感的宣泄；另一方面，个人的心理往往会受到群体情绪的影响，"一个心理群体表现出来的最惊人的特点如下：构成这个群体的个人不管是谁，他们的生活方式、职业、性格或智力不管相同还是不同，他们变成了一个群体这个事实，便使他们获得了一种集体心理，这使他们的感情、思想和行为变得与他们单独一人时颇为不同。"[110] 由于模仿、感染、暗示、从众等心理因素的作用，人们往往会"放弃自己与群体规范相抵触的意识倾向，服从大多数人的意见，做出与自己愿望相反的行为"[111]。因此，个体在参与群体行为过程中，会受到群体情绪的影响而丧失理性和责任感，从而出现冲动、不理性的行为。

在互联网社会动员中，由于非理性因素的存在，一部分网民基于情绪的宣泄或别的目的，刻意发布一些不实的信息，甚至故意制造、散播谣言，歪曲事实。这些信息经过网络传播，迅速形成强大的舆论。由于无法甄别信息的真假，加之网民的从众效应，一些人没有对事件本身进行理性的思考，而选择站在动员起来的群体一方，出现舆论一边倒的现象。这种包含非理性因素的舆论延伸到网下，就会误导广大民众，引发民众不满，滋生矛盾，促使现实中的民众产生冲动行为。另外，民意或民愤的非理性，也可能出自一种移情作用。即在信息不充分的情形下，人们很容易把长期以来或在特定事件中激发的愤怒，宣泄在针对某一事件的具体行动中。

（二）冲击社会秩序

网络动员降低了公民参与集体行动的成本，使得跨越地理疆域而联盟和行动成为可能。当数量巨大的网民被动员起来参与集体行动之后，就使得这种冲突进一步地公开化和扩大化，这就增加了冲突管理的难度。集体行动的参与者在情绪的相互感染之下，就有可能采取暴力等对抗手段，从而对社会秩序形成一定的冲击。这主要表现在以下三个方面。

1. 网络动员诱发了大规模冲突

小规模的、多元化冲突可以从整体上防止社会整体性的分裂，而大规模冲突的集中爆发则使得冲突能量迅速聚集和释放，从而会导致各种强烈的对抗行动和大规模的破坏，对社会秩序形成一定的冲击。网络动员为大规模冲突的爆发提供了条件。首先，网络动员为大规模冲突的爆发提供了人力储备。由于现实表达渠道的不畅以及现实生活中形成的各种压力，网民需要找到发泄的通道。在网络动员作用之下，网民不仅直接从事"在线集体行动"，而且从网上走到网下，直接参与"离线集体行动"。其次，网络动员为大规模冲突的爆发提供了思想和舆论准备。网络动员能够成功发生的前提，是能够增强网民的认同感，从思想上打动网民。网络动员的发起者通常运用"悲情弱势"策略，从而刺激网民最敏感的神经。特别是当弱势群体和强势群体发生冲突时，网络动员的行动者对社会公平的强调、对社会不公的失望和批判都为大规模冲突的爆发提供了舆论准备。特别是涉及民族矛盾和宗教矛盾的冲突被放到互联网上时，往往更会引起人们的广泛关注。

2. 网络动员推动了冲突的恶性升级

网络动员对冲突的影响，不仅表现在会诱发大规模冲突，而且表现在推动冲突的恶性升级。它主要是指在冲突爆发之后，通过网络动员和网络宣传，更多的人开始关注和参与冲突，从而导致冲突的进一步升级与恶化。网络环境中的舆论往往带有非理性和情绪化特征，这可能导致社会问题被夸大或被负面地呈现：在某些情况下，个人可能会故意曲解事实或发表极端言论，这不仅会误导公众，还可能激化矛盾，引发大规模的群体性事件。这种负面的网络舆论环境，使得原本可能已经紧张的社会关系进一步恶化，增加了解决这些问题的难度。因此，对于网络舆论的管理和引导，以及提升公众的媒介素养，变得尤为重要。

3. 舆论错误导向易破坏社会经济秩序

在互联网社会动员过程中，网络新闻传播具有即时性、自由性和海量性的优势，但是其网络"把关"功能的相对弱化和放大器作用，导致虚假新闻、小道消息和谣言充斥其中。从 2002 年开始，历经 5 年，《新闻记者》每年评选出上一年度具有代表性的 10 条假新闻。从被评出的假新闻看，网络制造、传播或引用，转载于网络的假新闻约占假新闻总数的五分之一。这些虚假新闻一经播发、放大后，对网民的负面影响是显而易见的。其结果常常是混淆了视听，扰乱了公众情绪，增加了社会压力，严重者还会影响到社会稳定，破坏社会秩序。借助大众传播媒介发布虚假信息，不仅严重损害媒体的形象，削弱媒体的公信力，而且严重扰乱社会经济秩序，会给社会带来不必要的恐慌，给民众带来经济损失。在一些虚假信息事件中，一些网络媒体的报道，以原创的方式或者转载的名义，加速了虚假信息的传播。由于网络媒体的优势地位，这些虚假信息一经传出，便迅速传播开来，致使更多的人蒙受侵害，在一定范围内，造成很不好的影响。

虚假信息的危害性极大，容易在短时间内迅速传播，误导社会民众，造成公众心理恐慌，扰乱社会管理秩序，导致经济损失，影响人民群众的生产、生活活动。网络舆论错误导向的原因是多方面的。首先，网络媒体的发布系统呈现出多元化特征，除了正规的媒体从业人员，还有大批的网民。"过去人们只是被动地接受信息的受众，尽管有选择何种信息的自由性，但却无法利用媒介主动传播个人信息，而现在，网络上任何一个用户都可以成为信息的发布者。"[112]网民可以通过BBS、聊天室、博客等渠道随时发布信息，而这些信息真伪难辨，一旦进入传播系统，很可能迅速广泛地传播开来。其次，网络媒体在新闻的时效性方面拼抢得非常激烈，为了追求新闻报道的新和快，一些信息常常未经核实便公开传播。而作为网络信息的接受者，广大网民不仅接收各种各样的网络信息，而且不断地对接收到的信息通过短信、论坛、QQ等工具进行大批量的传播，从而导致不实的信息蔓延开来。

从深层原因来看，在错误舆论导向形成过程中，有些网民出于网络的匿名性所产生的"安全感"，缺乏责任心和道德心，肆意传播不实的信息；有些网民由于缺乏理性的思考和判断，因而在舆情表达上出现非理性和情绪化；还有一些网民为了实现自己的利益，故意散布虚假信息，从而使舆情走向发生偏离，例如，少数"意见领袖"在某些情况下，有意识地影响和控制舆情。

（三）"人肉搜索"侵犯了公民的隐私权

网络动员常常会引起网民的"人肉搜索"，过度的"人肉搜索"会把民众的各种基本信息暴露于互联网的公共平台之上，是对公民隐私权的严重侵犯。"人肉搜索"是指"利用现代信息科技，变传统的信息搜索为人找人的关系型网络社区活动，变枯燥乏味的查询过程为'一人提问，八方回应'的人性化搜索体验"[113]。过度的"人肉搜索"在方便了人们获取知识和信息的同时，也严重地侵犯了公民的隐私权。来自五湖四海、成千上万的人通过不同途径、从不同角度对同一个人进行搜索挖掘，很快就能掌握这个人的所有信息。"网络侦探"在寻找事实真相的同时，往往也"人肉"出当事人的照片、地址和电话等个人隐私。

人格尊严属于人权的基本内容。法治社会应该平等地保障每个公民的人格尊严和个人隐私权。正如胡泳所言："隐私是我们每个人都有的对一种不受他人打扰、侵犯、为难的私人空间的欲求，也是一种控制自己的个人信息的披露时间和方式的责任和努力。"[114] 我们原以为自己的生活处于绝对安全之中，现在这种乐观的态度正在发生改变：几乎任何拥有一台电脑、一个宽带连接的人都可以进入你的私生活的最隐秘之处，把你的个人记录一览无余，同时很方便地把你的这些个人记录公之于众。因此，"人肉搜索"是有界限的，它不应该侵犯公民的个人隐私权。在"人肉搜索"过程中，一些网民为了一己私利，擅自兜售其他网民的真实身份信息，将后者推向了舆论焦点，造成了伤害。"人肉搜索"的强大威力使得任何公民的隐私权都有可能受到侵犯。"一旦有人将你当作'人肉搜索'的对象，那么你的一切将被迅速暴露在阳光下，随之而来的是来自网络和现实的双重的舆论压力。"[115]

（四）网络暴力引发了民众的不安全感

网络动员常常伴随着各种网络暴力，网络暴力也是对人的基本权利的侵害，造成了民众的普遍不安全感。在网络动员过程中，网民经常以鼠标和键盘为武器，并且以道德的名义，谩骂、诽谤和攻击他人，"奋不顾身"地跳入网络空间去扮演法官和陪审团的双重角色，最终堕落为网络暴民。虽然有的学者并不认同网络暴民这一说法："网络暴民是个伪命题，如果我们把注意力过分集中在这个词汇本身，不但偏离解决问题的动向，而且我们自己也容易陷入以暴易暴的尴尬境地。"[116] 但是，网络世界中充斥着网络暴力却是一个不争的事实。网络暴力主要表现为一种群体暴力，是群体非理性的表现。勒庞指出，个人心理和群体心理有本质的不同："群体是冲突、易变和急躁的；群体易受暗示、轻信；群体既有可能表现出极低的道德水平，也可以表现出根本达不到的崇高。"[117] 在网络时代，许多网民因网络的匿名性、开放性及交互性等特点，更容易聚合为一群"乌合之众"，成为网络暴民。理性从来不是网络社会的通行证，不少网民往往会在从众心理驱动下，做出平时个人独处时不能做出的极端行为。

人们对"人肉搜索"的作用尚存有质疑和争论，而网络暴力则受到人们的一致谴责和批判，它往往以道德的名义侵犯他人的合法权利，每个人都有可能成为网络暴力的受害者，公众的不安全感凸显。网络暴力主要表现为两个方面：第一，语言暴力。它是网络动员中最经常见到的一种网络暴力现象。由于网络动员的匿名性和低成本性，网民在互联网上批评和谩骂他人几乎是零成本，这也同时释放了他们积聚已久的不满情绪。语言暴力主要采取"污名化"策略，把对方塑造成"道德矮人"，从而在互联网上群起而攻之。第二，现实暴力。网络暴力最大的危险表现在，这种网络暴力往往还延伸到现实的空间，影响了他人的正常生活。网民已经不满足于网络空间的攻击和谩骂，而是从"网上"走到"网下"，直接面对面地对其进行骚扰和攻击。

在"药家鑫事件"中，我们见证了网络暴力的威力。在药家鑫归案之后，一些网民不仅对药家鑫进行辱骂，而且对药家鑫父母进行了"人肉搜索"，并在互联网上公布了药家鑫父母的工作单位、家庭地址、手机号码、身份证号码以及照片等私密性的信息。更有部分网民直接到药家鑫父母住处进行辱骂和骚扰，甚至出现在药家鑫父母住处倾倒垃圾的行为。药家鑫触犯了国家法律，理应受到严厉惩处，但网民的行为严重地影响了药家鑫父母的正常生活，构成了对其个人隐私权和名誉权的严重侵犯。

（五）容易被敌对势力利用

互联网的匿名性使得一些信息造假者和谣言传播者能够在网上发表不负责任的言论，或者为了达到目的而有意散布一些虚假信息，制造混乱。一些所谓"持不同政见者"和分裂势力，甚至一些邪教势力和恐怖组织，也开始在互联网上制造舆论，并且产生了比以往更大的影响。在一些网站、论坛、个人网页等网络空间里，也存在着一些消极的网络政治团体。由于网络的特性，网民在网络空间里能够摆脱现实社会的规范和限制，以"隐形人"的身份在网上放纵自己的行为，对网络信息进行自由操作。因此，一些对现实不满的个人、恐怖组织、极端宗教组织等，往往借助互联网散布政治谣言，进行政治煽动，制造混乱，攻击和诋毁政府，甚至发起动员活动，在现实生活中，造成严重的影响。这些敌对势力或组织有的是拥有独立域名的网站，有的是挂靠中国台湾或国外网站的个人网页空间下的网页。这些组织除了在各自的网页上发表反动的言论外，还彼此提供链接，互相吹捧。这些消极的网络政治群体，不但在现实生活中进行活动，而且抓住机会在网络空间里开展分裂国家、反社会的活动，扩大其消极影响。

此外，由于互联网具有控制信息流动和传播的威力，因此成为敌对势力对我们进行思想文化渗透的主阵地，也使得西方文化及其价值观能够轻而易举地在全球范围内传播、渗透。BBC曾发表社论说："要动员起来对红色中国进行大规模入侵，要加强对中国进行思想文化的渗透。"以美国为代表的西方国家确立了一种"信息霸权"。在互联网上，英语成为主导性语言，英语网站约占90%，法语占5%，其他众多的语言只占5%。有关统计资料显示，美国主流媒体对中国的报道，按题目来说，负面的占1/2，中性的占1/4，稍有一点积极意义的占1/4。如果按字数来计算，90%以上的文字是反华的。以美国为代表的"信息霸权主义"，不断地向外输出敏感信息，试图通过发动网络渗透战而实施网络霸权主义、文化殖民主义，以实现其淡化人们对祖国的忠诚、降低人们对本民族的归属感的目的。这种信息霸权的危害性极大，它使国家的传统文化也面临着被同化的危险，同时削弱了政府在文化、意识形态等领域的控制力。

第六章　互联网社会动员的基本特征

一、动员成本的低廉

传统的社会运动理论认为，社会动员其实是一种"资源动员"的过程，这里的资源既包括组织、金钱、人力等物质资源，也包括时间资源。资源之所以重要，是因为无论是个人还是群体在参与过程中都会考虑成本问题。资源的获取需要一定的成本，因此社会动员也需要进行成本—收益分析。高效的社会动员要求利用有限的资源，引领更多的人参与集体行动。与传统的社会动员相比，网络动员"在潜在的意义上"是一种廉价得多的动员方式。

首先，互联网为更多的人参与动员提供了一种技术途径。与传统的媒体相比，互联网有着更为强烈的媒介穿透率。"互联网展现了有史以来最快速的沟通媒介穿透率：在美国，收音机广播花了 30 年才涵盖了 6000 万人；电视在 15 年内达到了这个传播水准，全球信息网络发展以后，互联网只花了 3 年时间就达到了。" [88]21 这些大规模的网民正是网络动员得以顺利进行的基础。现在，只要你拥有一台连接到网络终端的电脑或手机，轻点鼠标，你就可以成为动员的对象或者信源，极大地降低了动员的成本。"在过去，少数几个动力十足的人和几乎没有动力的大众一起行动，通常导致令人沮丧的结果。那些激情四射的人不明白为什么大众没有更多的关心，大众则不明白这些痴迷者为什么不能闭嘴。而现在，有高度积极性的那些人能够轻易地创造一个环境，让那些不那么积极的人不必成为积极分子而能同样发挥作用。"[118]互联网因去中心化和全球化的特点,不仅可以迅速地动员本国人民参与行动,而且在极大范围内打破了地理疆域的限制,使得"全球集体主义行动"成为可能。有的学者明确指出了互联网跨国社会动员中的便捷性:"互联网有助于跨国界的协调行动,低成本的互动有助于新的虚拟社区的发展,人们想象自己是一个单一小组的成员,而无视他们之间的空间距离多么遥远。"[119]网络动员的低门槛不仅意味着人们为了实现"一呼百应",可以自由地在网络上发布动员信息,而且意味着有越来越多的受众,传者和受众的规模都空前提高,这在前网络社会,几乎是无法实现的。

其次,互联网降低了资源获取的成本。在互联网出现之前,传统的动员方式主要是一种自上而下的社会动员,往往只有那些处于权力流或者信息流上端的人才有足够的能力引导人们参与集体行动。这些精英不论是在广场上的宣讲还是在报纸或电视上的辩论和鼓动,都需要一定的技巧和物质资源的投入,而普通民众则受制于资源的短缺,往往只能成为被动的一方。在互联网时代,由于互联网的开放性,每个网民都可以在互联网上发布信息,提出自己的行动纲领。网络动员并不需要巨大的物质资源投入,用户只需要一台普通的电脑或手机,就能在互联网上发布各种信息。如伯纳斯·李所言:"任何人都是一个没有执照的电视台。"[120]就时间成本而言,资源动员理论过分强调领袖和组织的作用,为了实现动员的目的,运动领袖必须要花费大量的时间招募支持者、获得资金以及与目标相似的其他组织发生联系。这就需要动员的发起者必须具备充足的时间进行组织和动员,甚至出现了职业的动员者和领袖。特别是"议题企业家"的出现,意味着动员的发起者需要投入更多的时间参与集体行动。这类企业家事实上就是集体行动的领袖,他们的任务就是主观地定义问题,吸引大家的注意力,让更多的人参与集体行动。而网络动员则大大地降低了动员的时间成本,提高了动员的效率。在互联网上,普通的网民具有自组织的潜能,网民的自组织特征决定了网民在任何时间、任何地点都可以发布信息,组织动员。你在电脑上只要轻点鼠标，信息就可以瞬间传递到其他网民那里，这并不需要消耗网民大量的时间，网民完全可以在工作之外动员，而不必和他们的工作发生冲突。

二、动员主体隐蔽性较强

互联网社会动员的主体具有较强的隐蔽性。任何动员行动都有其特定的组织者或发起人，互联网社会动员也不例外，但是它又与现实中的动员活动具有明显的区别。这首先表现在动员主体的隐蔽性上。英国社会学家吉登斯说："在互联网上，没有人可以知道其他人的真正面貌，知道他们是男性还是女性，或者生活在哪里。"法国后现代主义思想家鲍德里亚也认为，在网络空间里，我们不再是"人"，而是出现在另一个人的电脑屏幕上的信息。现实社会中个人的身份与生命存在严格一一对应，这种认证方式具有较强的异质性和唯一性。而互联网技术所能提供的身份信息最多只限于区别性上，即网络社会中的成员可以通过身份认证相互区分，但没有 DNA 等强大的与生命相关的异质性。互联网为动员发起者提供了自由隐蔽身份的选择和可能。互联网中的动员者以一种"去个人身份化"的角色扮演着虚拟空间中的符号化角色，在大多数情景下，他们都只是互不相识的陌生人，这种身份的隐蔽性使得动员者能够更自由地表达自身或集体诉求，并能轻易地规避风险。

此外，互联网的低成本、高效率和普及性，从技术手段上打破了国家对大众传媒的垄断，普通人有了向全世界传播思想的技术手段和发起动员的能力。不同年龄、不同性别、不同阶层、不同身份的社会成员通过虚拟的网络平台发布、接收、共享着各种各样的信息与资源，这些形形色色的社会角色都有可能成为互联网社会动员的主体。这些主体具有了平等性的特征，每个上网者都获得了表达意见的权利，社会精英、领袖人物和权威媒体的话语霸权被消解。网络突破了传统媒体的线性传播，实现了意见的多维交流，等量沟通成为现实。只要进入网络，发言者的地位就是平等的，发表意见的长短和多少取决于个人，他们只有发表意见正确与否的区别。

动员主体的隐蔽性能使其得到一种自由表达和压力释放的途径，但同时使其网络言论和信息传播行为与所要承担的社会责任脱节，因此，在不良动机支配下，会在一定程度上破坏社会秩序，造成消极影响。这种特征使得网络舆情的发展具有多变性、极端性和不确定性，也为人为地制造网络舆论提供了条件，这是动员活动中非理性情绪和行为产生的重要原因。

三、动员渠道的高互动性

在网络上，动员的主客体之间可以通过群、网络论坛和博客等平台进行直接的双向交流。相对于传统媒体动员的这种状态而言，尼葛洛庞帝认为："对话时代开始了。"[121] 尽管这种对话的具体结果尚在未卜之中，但动员的参与者可以通过群、网络论坛和博客等平台进行高度互动却是不争的事实。高互动性本身就是网络的基本特点之一。正如有的学者所言："'同他人发生联系'——进行跨越时空的互动交往，是网络传播的本质特征。"[122] 比之于传统媒体，网络不是一种单向的信息传播通道，而是一种双向的交互式信息传播通道。这种交互式的信息传播通道体现为动员和参与者之间的强烈互动。

传统的媒体基本都是一种单向的、垂直的、自上而下的传播方式，虽然诸如电视和报纸等媒体也有观众热线和读者来信等互动方式，但限于时间、版面和效果等综合方面的考量，这种互动方式受到极大的限制，参与的人数较少。动员者在这些媒体上的动员信息是一种"推送式"的，是动员者自上而下地把信息"推"给群众的，人们只有接受或不接受的权利，很难对"推送"过来的信息发生实质影响。而互联网则是一种交互式的双向传播，每个网上用户既是"信宿"，又成为"信源"。这种信息是网络用户"拉取"过来的，受众不再被动地接受信息，而能通过交流和互动给信息增添许多新的内容。与传统媒体的单向、选择性窄、自由度低的特性相比，互联网提供了更为丰富的互动方式，个人也可以从容地对信息进行选择和吸纳。正如有的学者已经认识的那样，网络使用者可以根据自己的意愿，毫不费力地把查找的信息"拉"过来。例如，在网络论坛上，每个帖子都有回复功能，网民通过发帖、跟帖和回帖，对原帖的内容进行修正和补充。这种动员过程的高度互动性是传统的动员方式所不能比拟的。网络动员参与者之间的这种高度互动性极大地提高了动员的效率，它使得集体行动在很短的时间内成为可能。但是这种高度互动性会给网络中的不同意见带来某种压力，并形成"沉默的螺旋"和"舆论一律"。

四、动员对象涉及面较广

在当今时代，网络技术及其应用正以前所未有的速度迅猛发展，由此带来的新闻传播机制的变革也日益加快，其影响深远且广泛。

首先，手机上网、微博客等新兴网络媒体如雨后春笋般迅速崛起，为整个社会带来了全新的变化。这些新兴媒体为用户上传信息开辟了前所未有的便捷渠道，极大地推动了互联网用户产生内容的快速增长。在过去，新闻的来源主要依赖于专业的新闻机构和媒体记者，而如今，普通的互联网用户也成为新闻内容的重要生产者。比如，在一些突发的社会事件中，现场的民众可以通过手机迅速拍照、录像，并上传到微博等平台，这些第一手的信息资料瞬间成为网络新闻的重要来源。在一些自然灾害现场，受灾群众或救援人员通过手机发布的实时信息，让外界能够及时地了解到灾区的真实情况，为救援工作和信息传播发挥了关键作用。

其次，网民获取新闻资讯的渠道变得更加多样。随着网络工具的日益普及和大众化，社会民众对互联网等新型传播媒介的依赖程度越来越高。无论是电脑、平板电脑还是智能手机，都成为人们获取信息的重要工具。网络的便捷性和即时性，使得人们可以随时随地获取自己感兴趣的新闻资讯。例如，在上班途中，人们可以通过手机上的新闻客户端浏览当天的国内外新闻；在休息时间，通过电脑访问各大新闻网站获取深度报道和专题

分析。这种对网络的高度依赖，也在客观上为互联网社会动员提供了极为
广阔的受众。

随着社会化媒体的不断发展，互联网对传统媒体的替代趋势愈发明
显。传统媒体（如报纸、广播电视等）在信息传播的速度和互动性方面，
逐渐难以与互联网相抗衡。以微博、微信等为代表的社会化媒体，让用户
不仅是信息的接受者，更是信息的传播者和参与者。人们可以在这些平台
上对新闻事件进行评论、转发和分享，形成强大的舆论力量。

而基于无线通信技术，以手机为代表的移动终端所展现的"第五媒
体"更是不容小觑。它进一步地促进了媒体的融合化和信息分享行为，推
动了网络在人们生活中的深层次渗透。人们可以通过手机接收各种形式的
信息，包括文字、图片、音频和视频等。无论是在城市的街头巷尾，还是
在偏远的乡村地区，只要有网络信号，人们就能与外界保持信息的畅通。
网络的出现，从根本上突破了地域的限制。正如尼葛洛庞帝在《数字化生
存》中所说："互联网将'改写距离的意义'，'在数字化的世界里，距离
的意义越来越小。'"[92]208 过去，信息的传播受到地域的极大限制，不同
地区之间的信息交流存在着诸多障碍。但如今，任何一台接入互联网的计
算机都可以自由畅通地与全世界的计算机交换信息。

在国际新闻传播领域，网络的跨地域性发挥着至关重要的作用。比
如，在一些国际重大事件中，世界各地的网民可以通过网络在第一时间获
取信息，并参与讨论。当某一国家发生重大自然灾害时，全球的网民都可
以通过网络了解灾情，为受灾地区提供支持和帮助。在国际政治领域，网
络也成为各国之间信息交流和舆论交锋的重要平台。不同国家的民众可以
通过网络了解其他国家的政策和立场，发表自己的看法和观点。在社会动
员方面，网络的跨地域性和扩展性更是意义重大。互联网社会动员的辐射
范围可以轻松地波及全球。大量的信息流在网络中以惊人的速度传播，公
众对信息的知情范围得到了极大的扩大。例如，在一些全球性的公益活动
中，通过网络的传播和动员，世界各地的人们都可以参与其中。"冰桶挑

战"就是一个典型的例子，这一活动通过互联网在全球范围内迅速传播，吸引了众多名人及普通民众的参与，为渐冻症患者筹集了大量的资金和关注。在一些社会运动中，网络的动员作用也不可忽视。比如，在一些环保运动中，世界各地的环保组织和志愿者通过网络联合起来，共同呼吁人们关注环境问题，采取行动保护地球。网络的传播使得这些声音能够迅速传递到世界的每个角落，形成强大的社会影响力。

第七章　组织化的网络动员景观

——以 29 家省级公安机关抖音账号运营情况为中心

公安宣传作为公安机关有组织、有目的的信息传播和社会动员活动，自公安机关诞生之日起，便发挥着举足轻重的政治建设功能，它不仅是党的宣传工作的重要组成部分，更是公安工作的核心要素，对于塑造和完善警察形象有着显著的推动作用。从逻辑关系来看，警察形象是公安队伍精神风貌的浓缩，同时是公安机关执法公信力的重要支撑，警察形象的塑造与传播对于公安工作的顺利开展至关重要。伴随新媒体技术的飞速发展和广泛应用，公安机关逐步将新媒体平台和短视频作品作为展示警察形象、传递警务信息的重要途径。《2023 年短视频行业研究报告》中相关数据显示，截至 2022 年 12 月，我国短视频用户规模已达 10.12 亿人，占全体网民的 94.8%，"近四分之一网民因短视频与互联网结缘，远超游戏、直播等应用；短视频人均单日使用时长近 3 个小时，且呈 5 年持续增长态势"[123]。

短视频平台作为社会民众重要的生活、娱乐、学习场域，凝结了网络用户巨量的时间、精力和注意力。抖音、快手等短视频分享平台，凭借其广袤的用户基础、迅速的传播速度以及多样化的内容形式，已然成为公安机关展示形象的优质宣传平台。公开数据显示，自抖音 2016 年 9 月上线后，截至 2023 年 2 月 22 日，其用户数量已达 8.42 亿左右，每日活跃用户超过 7 亿，人均每天使用时间超过 120 分钟。在数字化生存的新时代背景下，公安机关需要把握数字化浪潮带来的机遇，积极利用抖音等新媒体平台开展运营工作，以创新的方式开展政治宣传与社会动员。为了深入研究省级公安机关抖音账号的运营状况和社会动员效能，本书选取 29 家省级公安机关抖音账号作为研究样本，通过数据分析，探讨新媒体运营框架下的警察形象建构策略和有组织化的社会动员景观。

一、粉丝量、阅读量与"可信、可爱"的相关性

习近平总书记在党的二十大报告中提出，要"加快构建中国话语和中国叙事体系，讲好中国故事、传播好中国声音，展现可信、可爱、可敬的中国形象"[124]。公安机关作为党和国家的重要构成机构，必须深入学习宣传贯彻党的二十大精神，同时结合其作为执法部门的职责，依据其自身行业属性和工作特质，在公安政治宣传工作中践行加快构建中国警察话语和中国警察叙事体系，讲好中国警察故事、传播好中国警察声音，展现可信、可爱、可敬的中国警察形象的使命与担当。在公安机关抖音账号运营过程中，可以借助网络账号的数据技术功能，观察和了解"可信、可爱、可敬的中国警察形象"的构建效果。从词义内涵上理解，"可信"代表着"值得信任，能够信赖"，这与粉丝数量紧密相关，粉丝的存量及增减量通常能够反映网络账号的可信度和影响力；"可爱"意味着"让人喜爱，讨人喜欢"，其与点赞操作息息相关，作品的受欢迎程度直接影响到网络账号的吸引力和可爱程度；至于"可敬"，它表达了"值得尊重"，这与粉丝评论互相关联，正面的评论可以彰显网络账号的可敬之处和特殊魅力。

公安机关抖音账号是弘扬主旋律、激发正能量的主流阵地，是坚持巩固壮大主流思想舆论的重要政治网络节点，其粉丝量级彰显了"可信度"，作品点赞数量表示了"可爱度"，粉丝正向评论显示了"可敬度"。可信度

（粉丝量）及可爱度（点赞量）能够直接从抖音账号的公开信息中获取，但是衡量可敬度（正向评论）则需要运用数据采集方法和技术，抓取并分析目标抖音账号下方评论区的文本内容。由于29家省级公安机关抖音账号短视频作品评论区的文本量级过大（如平安重庆发布的短视频作品《提醒！手机别放大衣口袋，小偷下手又快又准》，评论量高达4.3万条），受限于本书体量要求，关于省级公安机关抖音账号可敬度（正向评论）的统计及分析另文再述。

二、我国省级公安机关抖音账号的样本选取

（一）样本选取情况说明

目前，我国总计有34个省级行政区，具体包括23个省、5个自治区、4个直辖市和2个特别行政区。本书研究视域为除中国香港、澳门和台湾外的所有省级公安机关抖音账号（由省、自治区公安厅或直辖市公安局主管的官方账号），基于综合地理划分的地域分类框架对其进行归类，总计样本选取数量为29家（详见表7-1）。29家省级公安机关抖音账号数据采集周期均始自账号开办当日，终至2023年11月20日。

表7-1 综合地理划分框架下各省及其省级公安机关抖音账号名称表

综合地理划分	各省及其省级公安机关抖音账号名称
华北地区	①北京：平安北京；②天津：平安天津；③河北：河北公安；④山西：山西省公安厅；⑤内蒙古：内蒙古公安宣传
东北地区	⑥辽宁：平安辽宁；⑦吉林：吉林警事；⑧黑龙江：龙警

表 7-1（续）

综合地理划分	各省及其省级公安机关抖音账号名称
华东地区	⑨上海：警民直通车－上海；⑩江苏：平安江苏；⑪浙江：浙江公安；⑫安徽：安徽警方；⑬福建：福建警方；⑭江西：江西公安；⑮山东：山东公安
华中地区	⑯河南：河南警方；⑰湖北：平安湖北；⑱湖南：湖南公安
华南地区	⑲广东：广东公安；⑳广西：八桂警事；㉑海南：海南警方
西南地区	㉒重庆：平安重庆；㉓四川：四川公安；㉔贵州：贵州公安；㉕云南：云南警方；西藏（注：暂无省级公安机关抖音账号）
西北地区	㉖陕西：陕西警方；㉗甘肃：甘肃公安；青海（注：暂无省级公安机关抖音账号）；㉘宁夏：平安宁夏；㉙新疆：平安天山

（二）29 家省级公安机关抖音账号名称分析

通过对 29 家省级公安机关抖音账号的命名词进行统计后发现，"公安"一词共出现 11 次，"警方"一词的使用次数为 6 次，二者明确显示了公安机关的社会角色定位和职能范畴；"平安"一词出现 8 次，凸显出公安部门肩负着保障社会秩序稳定、国家和谐安宁的重任。总的来说，这些省级公安账号的名称精准地体现了其执法地域、职能性质以及机构特点。

"公安""平安""警方"这些关键词的高频出现，直截了当地阐明了省级公安机关抖音账号网络政治宣传工作的首要使命在于维护社会的和谐与安定。另外，值得一提的是，与其他账号较为突出警方主体性有所不同，上海市公安局开办的"警民直通车-上海"在名称定位上凸显出警民互动和警民协作的双向性质。

（三）29家省级公安机关抖音账号头像分析

29家省级公安机关主要在其抖音账号上采用了4种类型的头像设计，分别为个性logo图标、警徽标识、卡通警察及真人警察（详见图7-1示例）。

（1）在29家省级公安机关抖音账号中，多数使用形象化logo图像作为账号头像，分别为内蒙古公安宣传、龙警、警民直通车-上海、平安江苏、浙江公安、安徽警方、福建警方、江西公安、河南警方、湖南公安、海南警方、四川公安、云南警方、陕西警方、甘肃公安、平安宁夏、平安天山，总计17家，占比约为59%。形象化logo头像通常由各省份的公安部门自行设计，具有一定的辨识度和统一性，有助于强化公安形象。

（2）有6家省级公安机关抖音账号使用警徽图像作为账号头像，分别为山西省公安厅、平安辽宁、吉林警事、山东公安、平安重庆、贵州公安，占比约为21%。警徽是国家警察的象征，使用警徽作为头像可以突出公安部门的权威性和专业性。

（3）有5家省级公安机关抖音账号使用卡通警察图像作为账号头像，分别为平安北京、平安天津、河北公安、平安湖北、广东公安，占比约为17%。卡通警察头像通常更为活泼、亲民，适合在社交媒体上吸引年轻受众。

（4）仅有八桂警事1家省级公安机关抖音账号使用真人警察图像作为账号头像，占比约为3%。使用真人警察头像可以增加与公众的亲近感，如照片可能被未经授权地用于不恰当或误导性的内容，损害警察形象或误导公众；照片可能无法完全代表警察在职业中的角色和形象，有时可能引起公众对警察的误解。

图 7-1　4 种不同类型的头像设计示例图

（四）29 家省级公安机关抖音账号简介分析

29 家省级公安机关主要在抖音账号上运用 4 种类型的简介，包括功能介绍型、温馨陪伴型、身份或特征介绍型、警务机构推介型以及无文本型（详见表 7-2）。

（1）功能介绍型主要强调公安部门的主要职能或服务内容，这种方式有助于用户快速了解该账号的核心功能和定位。

（2）温馨陪伴型更注重与用户的情感连接，这种风格有助于拉近与用户的距离，提升亲切感。

（3）身份或特征介绍型主要突出公安部门的某种特点或优势，这种方式有助于塑造公安部门的形象和信誉。

（4）警务机构推介型着重于推荐或介绍某一警务机构，这种方式有助于提高该机构的知名度。

（5）无文本型是指在介绍页面没有具体的文本内容，这种方式虽然简洁明了，但是信息传递的丰富性可能受到限制。

表7-2　29家省级公安机关抖音账号简介文本分类表

账号简介类型	账号名称	账号简介文本
功能介绍型	平安天津	共建平安文明津城
	河北公安	感谢有你，和我一起传播正能量！注：因时效问题，本平台不提供报警服务，报警请拨打110，或到当地公安机关。感谢支持！
	平安辽宁	为警察发声，为正义代言
	警民直通车–上海	警力有限，民力无穷，警民携手，共筑平安上海！
	山东公安	守护平安齐鲁 讲述警察故事
	平安重庆	发布警方权威信息，讲述重庆警察故事。
	贵州公安	这里是贵州省公安厅官方抖音号，是与公众互动交流、增进警民沟通的桥梁，在这里您可以了解到贵州警方的新闻资讯。欢迎您给我们提出意见和建议。
	内蒙古公安宣传	讲好警察故事，传播公安正声！
	安徽警方	讲述警营故事，服务人民群众，传递安徽公安正能量！
	福建警方	福建省公安厅官方抖音账号 关注福建警方 感受公安力量
	河南警方	护卫中原 看我新时代河南公安
	甘肃公安	讲述警察故事，传递社会正能量！
	平安宁夏	关注平安宁夏 在这里 看不一样的警营~

表 7-2 （续）

账号简介类型	账号名称	账号简介文本
温馨陪伴型	平安北京	平安北京我你他她它
	龙警	生活明朗，万物可爱，龙警与您相伴
	平安江苏	你的苏苏哟～
	四川公安	四川公安在您身边
	云南警方	云南警方 一直陪在您身边～
身份或特征介绍型	山西省公安厅	山西省公安厅官方抖音
	广东公安	感谢您的关注 报案拨打 110 不互关 不闲聊 每天都是有意义的一天
	平安湖北	雄楚大道 181 号……
	吉林警事	不忘初心 牢记使命
	江西公安	权威、及时、接地气，严肃、活泼、有点皮
	湖南公安	抖音号：2190955470
	海南警方	脑洞很大的创意普法短视频，了解一下？
	陕西警方	陕西省公安厅官方抖音号
警务机构推介型	平安天山	感谢您的关注 报案拨打 110 不互关 不闲聊 一个有温度、有态度的官方。新疆警史馆预约流程：关注 V"平安天山"公众号→警史馆→个人预约参观 新疆警史馆地址：乌鲁木齐市沙依巴克区钱塘江路 225 号
	八桂警事	关注我，为广西公安点赞！微信公众号：八桂警事 微博：八桂警事在线 本平台不接受报警 如有需要请拨打 110
无文本型	浙江公安	无简介

三、29 家省级公安机关抖音账号运营情况数据表现

（一）29 家省级公安机关抖音账号注册及粉丝累积时间节点

在 29 家省级公安机关抖音账号中，安徽警方账号在 2018 年 3 月 29 日率先建立，而福建警方账号则于 2023 年 1 月 8 日最晚成立，这显示了

各省公安机关对新媒体运营的重视程度不同，同时反映了网络运营工作的逐步发展和完善。在 29 家省级公安机关抖音账号中，总计有 21 家省级公安机关抖音账号在 2018 年内完成开设，占比约为 72%，这表明大部分省级公安机关都较快地认识到抖音平台的重要性，并开始利用这一平台进行形象建设和信息传播。

在 29 家省级公安机关抖音账号中，全部账号的粉丝量都超过了 1 万人，26 家超过 10 万人，19 家超过 30 万人，甚至有 10 家达到 100 万人，这显示出省级公安机关在抖音平台上具有较高的影响力和关注度。平安北京账号成为达成 1 万粉丝量用时最短的账号，仅用时 1 天。平安重庆账号则依次以 6 天、13 天和 34 天的速度达到 10 万粉丝、30 万粉丝和 100 万粉丝。平安天山亦表现突出，其由 1 万粉丝增至 100 万粉丝仅用时 87 天。这表明平安重庆、平安天山等省级公安机关抖音账号的网络运营工作非常高效，能够通过短视频内容生产、传播及警民网络互动，迅速吸引大量关注和粉丝。从总体来看，29 家省级公安机关抖音账号 1 万粉丝量达成的平均用时为 170 天，10 万粉丝量达成的平均用时为 268 天，30 万粉丝量达成的平均用时为 420 天，100 万粉丝量达成的平均用时为 595 天（详见表 7–3）。这些数据可以帮助后续研究者了解各家省级公安机关抖音账号运营效果的差异，同时可以为其他尚未开设抖音账号的公安机关提供参考。

表 7-3　29 家省级公安机关抖音账号注册及粉丝累积时间节点表

序号	账号名称	注册时间	1 万累积时间节点	10 万累积时间节点	30 万累积时间节点	100 万累积时间节点
1	安徽警方	2018–03–29	2019–09–05 第 525 天	2019–09–10 第 530 天	—	—
2	平安江苏	2018–03–30	2018–05–04 第 35 天	2018–05–04 第 35 天	2018–05–08 第 39 天	2018–10–15 第 199 天
3	平安湖北	2018–04–04	2018–06–16 第 73 天	2018–07–30 第 117 天	2018–08–19 第 137 天	—

表 7-3（续）

序号	账号名称	注册时间	1万累积时间节点	10万累积时间节点	30万累积时间节点	100万累积时间节点
4	警民直通车-上海	2018-04-19	2018-05-10 第21天	2018-06-15 第57天	2019-01-23 第279天	2019-06-19 第426天
5	平安重庆	2018-05-04	2018-05-08 第4天	2018-05-10 第6天	2018-05-17 第13天	2018-06-07 第34天
6	河南警方	2018-05-14	2018-05-25 第11天	2018-05-26 第12天	2018-06-08 第25天	2019-07-01 第413天
7	浙江公安	2018-05-15	2018-06-07 第23天	2018-12-04 第203天	2021-12-26 第1321天	—
8	平安北京	2018-05-19	2018-05-20 第1天	2018-06-09 第21天	—	—
9	甘肃公安	2018-05-21	2019-03-13 第296天	2019-04-07 第321天	2019-05-15 第359天	2020-04-04 第684天
10	平安宁夏	2018-05-22	2018-07-02 第41天	2019-06-06 第380天	2020-12-31 第954天	—
11	河北公安	2018-05-22	2018-05-26 第4天	2018-06-12 第21天	2021-11-20 第1278天	—
12	广东公安	2018-06-11	2018-11-24 第166天	2019-09-08 第454天	2020-07-31 第781天	2021-10-30 第1237天
13	内蒙古公安宣传	2018-07-09	2018-07-23 第14天	2018-07-27 第18天	2018-08-11 第33天	—
14	平安天山	2018-07-10	2020-03-07 第606天	2020-03-23 第622天	2020-05-13 第673天	2020-06-02 第693天
15	贵州公安	2018-07-11	2019-11-20 第497天	—	—	—
16	山西省公安厅	2018-07-26	2019-07-27 第366天	2021-02-09 第929天	—	—
17	八桂警事	2018-09-08	2019-10-01 第388天	2020-01-24 第503天	—	—
18	云南警方	2018-09-17	2018-09-21 第4天	2018-10-02 第15天	2019-05-22 第247天	2023-07-31 第1778天

表7-3（续）

序号	账号名称	注册时间	1万累积时间节点	10万累积时间节点	30万累积时间节点	100万累积时间节点
19	平安天津	2018-09-30	2019-02-07 第130天	2019-07-07 第280天	2019-07-21 第294天	—
20	龙警	2018-11-02	2019-05-25 第204天	2019-06-24 第234天	2019-12-04 第397天	—
21	山东公安	2018-11-15	2019-02-14 第91天	2020-01-02 第413天	2020-08-12 第636天	—
22	海南警方	2019-01-23	2019-02-03 第11天	2019-02-28 第36天	2019-04-03 第70天	2019-08-17 第206天
23	平安辽宁	2019-02-12	2019-03-02 第18天	2019-04-02 第49天	2019-09-27 第227天	—
24	湖南公安	2019-03-15	2019-06-23 第100天	2019-11-14 第244天	—	—
25	吉林警事	2019-05-20	2020-10-02 第501天	—	—	—
26	江西公安	2020-01-07	2020-02-09 第33天	2020-10-12 第279天	—	—
27	四川公安	2020-02-23	2021-10-28 第613天	2022-12-05 第1016天	—	—
28	陕西警方	2020-06-12	2020-09-07 第87天	2020-11-23 第164天	2021-01-21 第223天	2021-03-22 第283天
29	福建警方	2023-01-08	2023-03-12 第63天	—	—	—

（二）粉丝数（可信度）、点赞数（可爱度）等基本数据表现情况

1. 华北地区

5家省级公安机关抖音账号平均粉丝总量为571360，平均点赞总数为6822540，平均条均点赞量为6018。

基于图 7-2，华北地区省级公安机关抖音账号的可信度及可爱度情况如下所示：

（1）根据粉丝数量的统计，排列从高至低依次为①平安天津（拥有1150600 位粉丝）>②平安北京（拥有 538800 位粉丝）>③河北公安（拥有 439000 位粉丝）>④内蒙古公安宣传（拥有 416600 位粉丝）>⑤山西省公安厅（拥有 311800 位粉丝）；

（2）从点赞总数来看，顺序依次为①平安天津（获得 15269500 次点赞）>②内蒙古公安宣传（获得 10205300 次点赞）>③河北公安（获得3820500 次点赞）>④平安北京（获得 3175800 次点赞）>⑤山西省公安厅（获得 1641600 次点赞）；

（3）关于每条视频平均点赞数的统计，排名依次为①内蒙古公安宣传（每条视频平均获得 8223 次点赞）>②平安北京（每条视频平均获得 5903次点赞）>③平安天津（每条视频平均获得 5891 次点赞）>④河北公安（每条视频平均获得 5762 次点赞）>⑤山西省公安厅（每条视频平均获得4309 次点赞）。

	粉丝总数	作品总数	点赞总数	条均点赞数
平安北京	538800	538	3175800	5903
平安天津	1150600	2592	15269500	5891
河北公安	439000	663	3820500	5762
山西省公安厅	311800	381	1641600	4309
内蒙古公安宣传	416600	1241	10205300	8223

图 7-2　华北地区省级公安机关抖音账号粉丝总数、
作品总数、点赞总数及条均点赞数图

2. 东北地区

3 家省级公安机关抖音账号平均粉丝总量为 281067，平均点赞总数为5060167，平均条均点赞量为 6551。

基于图 7-3，东北地区省级公安机关抖音账号的可信度及可爱度情况如下所示：

（1）根据粉丝数量的统计，排列从高至低依次为①龙警（拥有 423500 位粉丝）＞②平安辽宁（拥有 338100 位粉丝）＞③吉林警事（拥有 81600 位粉丝）；

（2）从点赞总数来看，顺序依次为①龙警（获得 8379700 次点赞）＞平安辽宁（获得 6557000 次点赞）＞③吉林警事（获得 243800 次点赞）；

（3）关于每条视频平均点赞数的统计，排名依次为①平安辽宁（每条视频平均获得 12907 次点赞）＞②龙警（每条视频平均获得 6343 次点赞）＞③吉林警事（每条视频平均获得 403 次点赞）。

	粉丝总数	作品总数	点赞总数	条均点赞数
平安辽宁	338100	508	6557000	12907
吉林警事	81600	604	243800	403
龙警	423500	1321	8379700	6343

图 7-3　东北地区省级公安机关抖音账号粉丝总数、
作品总数、点赞总数及条均点赞数图

3. 华东地区

7 家省级公安机关抖音账号平均粉丝总量为 697229，平均点赞总数为 15973329，平均条均点赞量为 8141。

基于图 7-4，华东地区省级公安机关抖音账号的可信度及可爱度情况如下所示：

（1）根据粉丝数量的统计，排列从高至低依次为①警民直通车－上海（拥有 1933200 位粉丝）＞②平安江苏（拥有 1263700 位粉丝）＞③山东公安（拥有 574300 位粉丝）>④浙江公安（拥有 510300 位粉丝）>⑤安徽警方（拥有 279500 位粉丝）>⑥江西公安（拥有 258700 位粉丝）>⑦福建警方（拥有 60900 位粉丝）；

（2）从点赞总数来看，顺序依次为①警民直通车－上海（获得 70812400 次点赞）>②平安江苏（获得 22456300 次点赞）>③浙江公安（获得 6825500 次点赞）>④江西公安（获得 4822600 次点赞）>⑤山东公安（获得 3340000 次点赞）>⑥安徽警方（获得 2156200 次点赞）>⑦福建警方（获得 1400300 次点赞）；

（3）关于每条视频平均点赞数的统计，排名依次为①警民直通车－上海（每条视频平均获得 25731 次点赞）>②平安江苏（每条视频平均获得 8755 次点赞）>③江西公安（每条视频平均获得 8596 次点赞）>④福建警方（每条视频平均获得 5225 次点赞）>⑤山东公安（每条视频平均获得 3233 次点赞）>⑥安徽警方（每条视频平均获得 2906 次点赞）>⑦浙江公安（每条视频平均获得 2551 次点赞）。

	粉丝总数	作品总数	点赞总数	条均点赞数
警民直通车－上海	1933200	2752	70812400	25731
平安江苏	1263700	2565	22456300	8755
浙江公安	510300	2676	6825500	2551
安徽警方	279500	742	2156200	2906
福建警方	60900	268	1400300	5225
江西公安	258700	561	4822600	8596
山东公安	574300	1033	3340000	3233

图 7-4 华东地区省级公安机关抖音账号粉丝总数、
作品总数、点赞总数及条均点赞数图

4. 华中地区

3 家省级公安机关抖音账号平均粉丝总量为 670733，平均点赞总数为 13461233，平均条均点赞量为 7060。

基于图 7-5，华中地区省级公安机关抖音账号的可信度及可爱度情况如下所示：

（1）根据粉丝数量的统计，排列从高至低依次为①河南警方（拥有
1209500 位粉丝）＞②平安湖北（拥有 509700 位粉丝）＞③湖南公安（拥
有 293000 位粉丝）；

（2）从点赞总数来看，顺序依次为①河南警方（获得 22903400 次点
赞）＞②平安湖北（获得 14077300 次点赞）＞③湖南公安（获得 3403000
次点赞）；

（3）关于每条视频平均点赞数的统计，排名依次为①平安湖北（每条
视频平均获得 9596 次点赞）＞②河南警方（每条视频平均获得 9125 次点
赞）＞③湖南公安（每条视频平均获得 2459 次点赞）。

	粉丝总数	作品总数	点赞总数	条均点赞数
河南警方	1209500	2510	22903400	9125
平安湖北	509700	1467	14077300	9596
湖南公安	293000	1384	3403000	2459

图 7-5　华中地区省级公安机关抖音账号粉丝总数、
作品总数、点赞总数及条均点赞数图

5. 华南地区

3 家省级公安机关抖音账号平均粉丝总量为 1244467，平均点赞总数
为 20610100，平均条均点赞量为 70958。

基于图 7-6，华南地区省级公安机关抖音账户的可信度及可爱度情况
如下所示：

（1）根据粉丝数量的统计，排列从高至低依次为①海南警方（拥有
2416900 位粉丝）＞②广东公安（拥有 1090800 位粉丝）＞③八桂警事

（拥有 225700 位粉丝）；

（2）从点赞总数来看，顺序依次为①海南警方（获得 41700800 次点赞）＞②广东公安（获得 13998700 次点赞）＞③八桂警事（获得 6130800 次点赞）；

（3）关于每条视频平均点赞数的统计，排名依次为①海南警方（每条视频平均获得 206439 次点赞）＞②广东公安（每条视频平均获得 3685 次点赞）＞③八桂警事（每条视频平均获得 2749 次点赞）。

	粉丝总数	作品总数	点赞总数	条均点赞数
广东公安	1090800	3799	13998700	3685
八桂警事	225700	2230	6130800	2749
海南警方	2416900	202	41700800	206439

图 7-6　华南地区省级公安机关抖音账号粉丝总数、
作品总数、点赞总数及条均点赞数图

6. 西南地区

4 家省级公安机关抖音账号平均粉丝总量为 1381450，平均点赞总数为 54183400，平均条均点赞量为 16693。

基于图 7-7，西南地区省级公安机关抖音账号的可信度及可爱度情况如下所示：

（1）根据粉丝数量的统计，排列从高至低依次为①平安重庆（拥有 3974500 位粉丝）＞②云南警方（拥有 1241700 位粉丝）＞③四川公安（拥有 252200 位粉丝）＞④贵州公安（拥有 57400 位粉丝）；

（2）从点赞总数来看，顺序依次为①平安重庆（获得 184000000 次点赞）＞②云南警方（获得 25800500 次点赞）＞③四川公安（获得 6646000

次点赞）>④贵州公安（获得 287100 次点赞）；

（3）关于每条视频平均点赞数的统计，排名依次为①平安重庆（每条视频平均获得 46582 次点赞）>②云南警方（每条视频平均获得 11813 次点赞）>③四川公安（每条视频平均获得 7902 次点赞）>④贵州公安（每条视频平均获得 475 次点赞）。

	粉丝总数	作品总数	点赞总数	条均点赞数
平安重庆	3974500	3950	184000000	46582
四川公安	252200	841	6646000	7902
贵州公安	57400	604	287100	475
云南警方	1241700	2184	25800500	11813

图 7-7 西南地区省级公安机关抖音账号粉丝总数、
作品总数、点赞总数及条均点赞数图

7. 西北地区

4 家省级公安机关抖音账号平均粉丝总量为 1361875，平均点赞总数为 24221150，平均条均点赞量为 12723。

基于图 7-8，西北地区省级公安机关抖音账号的可信度及可爱度情况如下所示：

（1）根据粉丝数量的统计，排列从高至低依次为①陕西警方（拥有 2427900 位粉丝）>②平安天山（拥有 1278100 位粉丝）>③甘肃公安（拥有 1276100 位粉丝）>④平安宁夏（拥有 465400 位粉丝）；

（2）从点赞总数来看，顺序依次为①陕西警方（获得 34414600 次点赞）>②甘肃公安（获得 29690700 次点赞）>③平安天山（获得 22746100 次点赞）>④平安宁夏（获得 10033200 次点赞）；

（3）关于每条视频平均点赞数的统计，排名依次为①平安天山（每条视频平均获得 30614 次点赞）＞②陕西警方（每条视频平均获得 9755 次点赞）＞③甘肃公安（每条视频平均获得 5869 次点赞）＞④平安宁夏（每条视频平均获得 4654 次点赞）。

	粉丝总数	作品总数	点赞总数	条均点赞数
陕西警方	2427900	3528	34414600	9755
甘肃公安	1276100	5059	29690700	5869
平安宁夏	465400	2156	10033200	4654
平安天山	1278100	743	22746100	30614

图 7-8　西北地区省级公安机关抖音账号粉丝总数、
作品总数、点赞总数及条均点赞数图

四、29 家省级公安机关抖音账号运营情况分析

基于对 29 家省级公安机关抖音账号粉丝总数、点赞总数及条均点赞数的综合统计和深度剖析，可以发现如下 4 点。

（一）大多数抖音账号网络运营欠佳、社会动员能力较弱

（1）29 家省级公安机关抖音账号的粉丝总数（可信度）平均值为 872397，仅有平安重庆（3974500）、陕西警方（2427900）、海南警方（2416900）、警民直通车－上海（1933200）、平安天山（1278100）、甘肃公安（1276100）、平安江苏（1263700）、云南警方（1241700）、河南警方（1209500）、平安天津（1150600）、广东公安（1090800）等 11 家省级公安机关抖音账号高于此项数值；

（2）29 家省级公安机关抖音账号的点赞总数（可爱度）平均值为 19894438，仅有平安重庆（184000000）、警民直通车－上海（70812400）、海南警方（41700800）、陕西警方（34414600）、甘肃公安（29690700）、云南警方（25800500）、河南警方（22903400）、平安天山（22746100）、平安江苏（22456300）等 9 家省级公安机关抖音账号高于此项数值；

（3）29家省级公安机关抖音账号的条均点赞数（可爱度）平均值为15808，仅有海南警方（206439）、平安重庆（46582）、平安天山（30614）、警民直通车－上海（25731）等4家省级公安机关抖音账号高于此项数值。

从整体来看，29家省级公安机关抖音账号中高于可信度和可爱度均值的账号占比仅为38%，31%，14%。

（二）少部分抖音账号在可信度和可爱度两项指标上实现较好发展

（1）从粉丝总数来看，平安重庆、陕西警方、海南警方、警民直通车－上海、平安天山、甘肃公安、平安江苏、云南警方、河南警方、平安天津、广东公安等省级公安机关抖音账号粉丝总数均已超过百万人规模，这无疑显示了它们在所在区域的巨大影响力与关注度；

（2）从点赞总数来看，平安重庆、警民直通车－上海、海南警方、陕西警方、甘肃公安、云南警方、河南警方、平安天山、平安江苏等省级公安机关抖音账号都表现不俗，这反映了它们发布频次及条数较多，或者所发布内容深受广大用户喜爱；

（3）从条均点赞数来看，海南警方、平安重庆、平安天山、警民直通车－上海等省级公安机关抖音账号发布的短视频内容的平均点赞数较高，意味着它们的内容创作质量优良，更能吸引用户的关注与互动；

（4）华南地区省级公安机关抖音账号的平均粉丝总量和平均条均点赞量表现最佳，领跑全国，分别达到1244467和70958，这可能与该地区的人口密度、经济发展水平以及社交媒体使用习惯有关。

总的来说，平安重庆、海南警方、警民直通车－上海、平安天山等省级公安机关抖音账号在网络政治宣传中表现突出。它们拥有庞大的粉丝群体，证明了它们在社会中扮演着关键角色，其发布的信息与公众生活紧密相连，深受广大用户关注和喜爱；点赞数量的优势，显示出这些账号的活跃度以及它们对用户需求和兴趣的满足。此外，这些账号或许还具备独到的创新性和吸引力,能够吸引更多的用户点赞和互动;平均每条点赞量较高,反映出这些账号在内容创作上具有优异性,它们能为用户分享有价值、有趣味且吸引人的信息。这种高质量的内容创作无疑增强了用户的参与度和互动性,从而进一步地提升了账号的影响力和知名度。

(三)进一步地加强对网络传播规律和社会动员规律的掌握

有关数据显示,我国省级公安机关抖音账号运营在整体上面临着发展不平衡、不充分的问题,部分账号的粉丝总数、点赞总数以及条均点赞数低于平均水平。例如,吉林警事、福建警方、贵州公安等账号的粉丝数量尚未达到10万,吉林警事和贵州公安抖音作品的条均点赞数仅为403,475。这一现象,一方面体现了省级公安机关抖音账号运营的两极化现象,另一方面暗示了部分账号在可信度和可爱度塑造上仍需提升。

习近平总书记指出,"做好网上舆论工作是一项长期任务,要创新改进网上宣传,运用网络传播规律,弘扬主旋律,激发正能量,大力培育和践行社会主义核心价值观,把握好网上舆论引导的时、度、效,使网络空间清朗起来。"[125] 表现欠佳的省级公安机关抖音账号共同面临的问题主要源于以下3个方面。首先,账号在内容创作、互动设计等方面存在不足,无法吸引更多用户关注参与;其次,发布的内容缺乏吸引力或互动方式无效,导致用户兴趣降低;最后,内容创作缺少创新或与用户需求脱节。究其根本可见,部分省级公安机关抖音账号管理者对于网络传播规律的理解尚显不足。关于其改善之道,可借鉴当下短视频账号运营的成功经验。比如,加强与公众的互动交流,及时回应公众的留言与评论,了解并吸纳公众的需求与建议,以提升公众对公安工作的满意程度;创新宣传方式,充分考虑故事性叙述、互动体验、创意视觉效果等元素,提升宣传视频的趣味性及吸引力,以提升更多公众的关注;精细化的数据分析,从社交媒体平台搜集并理解公众的反馈与心声,以此洞察公众需求及关注点,为公安工作提供坚实的决策依据。

（四）加快推动公安新媒体融合发展和跨区域合作

2019 年 3 月，习近平总书记在《求是》杂志上发表的《加快推动媒体融合发展 构建全媒体传播格局》重要文章中提出，"要加快推动媒体融合发展，使主流媒体具有强大传播力、引导力、影响力、公信力，形成网上网下同心圆"[126]。这为公安机关的网络宣传工作和网络动员工作提供了明确指引。为了更好地推动公安新媒体融合及跨区域合作，强化网络动员效果，有 6 点建议仅供参考。

（1）创建合作机制。通过创建跨区域的合作机制，涵盖信息共享、联合行动、协同宣传等多个环节。合作机制的建立会有效地提升不同地区的沟通协作，提高工作效率。

（2）推动媒体融合。积极地推动新媒体与传统媒体的融合，打造多元传播渠道。比如，将公安官方网站、微信公众号、抖音账号等与传统媒体联合起来，确保信息全面传播。

（3）加强人才培养。应当加强新媒体人才赴外学习培养，提升广大公安机关工作人员的新媒体素养和技能。培训和学习可以让他们了解新媒体的特性，掌握其传播技巧和方法。

（4）开展联合宣传。公安机关可开展跨区域的联合宣传活动，共同展示公安工作成果与经验。联合作战能扩大公安工作影响力，提高公众对公安工作的认识和满意度。

（5）加强技术支持。通过加强新媒体技术的支撑，保证公安新媒体平台的稳定性和安全性。如加强服务器维护和管理，增强数据备份与恢复能力，确保公安新媒体平台正常运转。

（6）强化异业合作。公安机关可与其他部门和机构共享资源，提高服务效率与质量。

通过不断尝试和优化，省级公安机关抖音账号均有可能在社交媒体取得更好的表现，从而提升宣传与服务水平，开展广泛的社会动员活动，不断加强公众对公安工作的信任和支持。

第八章　非组织化的网络动员景观

——以微信红包流动为中心

发红包是中国特有的文化现象，既是一种人际交往行为，也是一种社会动员行为。作为社会化、习俗化的礼物流动载体，传统红包以独特的人际交往方式，对情感表达、秩序维护、群体归属等行为进行重新定位，形成独特的符号体系和礼俗规范，进而真实、准确、完整地反映人际关系和社会结构。中国的文化土壤孕育了红包现象；反之，又被红包文化所作用。红包文化不仅承担着信息传递的职能，更表达着一个时代的文化热望、群体意向和经济动态。伴随着移动互联网的蓬勃发展，红包的传播方式发生了巨大变化。以微信红包为代表的数字化红包成为新型民生服务的代表产品，凭借"互联网＋红包"的融合形态深嵌日常生活，向人们提供更多社会互动、情感沟通、游戏娱乐、社交支付、民俗强化的可能性。

据悉，"2018 年春节红包中，微信红包的用户参与度最高，参与率高达 86%"[127]。在春节之外的非仪式化场景，微信红包同样显示出优势性的全网渗透率和适用性。庞大运营量级的涌现以及全民范围的功能实践，将微信红包型塑为展现中国互联网时代背景下经济、文化、社会心理变迁的多棱镜，反观现实世界的特殊媒介视角，在数字化媒介群像中醒目的网络文化特征，使其成为互联网应用领域热门的研究对象。"在桑德拉·鲍尔 –

洛基奇 (Sandra Ball-Rokeach) 看来，为了弄懂任何传播形态的潜力，人们必须首先弄懂人类传播的基本特征是什么，然后方能在此基础上以它们作为评判标准去研究和对比每种形态的潜在用处"[128]，这一洞见正是本书以微信红包的基本媒介属性为中心议题，探讨其传播影响的研究线索。

一、作为比较框架的传统红包的媒介属性

一种新兴媒介在创造新的功能、意义与效果的同时，必然对传统有所继承。"即使在互联网时代，我们分享、消费、使用信息技术的手法都是建立在几百年前就有的习惯和传统的基础之上的。"[129]红包的使用意味着一个持续的传播历程，它是加强社会关系的手段，不只在横向上把人联结在一起，还在纵向上将人与过去相连。因此，欲探析微信红包的媒介属性，必先以历史视野认知传统红包的文化特质。

（一）以外表内的实体形态

颜色具有强烈的文化属性，物体的外观色彩往往关联内在含义，即能够以色彩揭示物体所要呈现的意义。红包是以红色为外在表达的包装载体。红色作为中国传统文化富有象征意蕴的颜色，多用于表达吉祥、喜庆、热情等精神含义。已有研究结果发现，"红色与心理意义的联结诱发了特定的心理状态，从而影响个体的心理与行为"[130]。传统红包载体颜色的选择正是出于先人对这种特殊文化心理的感性考量。

"现在意义上的春节红包起源于'压岁钱'的概念"[131]，是"压岁钱"在仪礼基础上演进的礼物形态，以纸质红包为封套装入礼金对外馈赠。"压岁钱币的历史发展轨迹大致为：汉代较早出现→宋代发展→明代成熟→清代至今沿袭并基本保持不变。"[132]在其漫长的朝向红包形态的演变过程中，呈现出"形式上变化"和"理念上维持"的双向活动状态。形式上的变化，即在施与载体上，由带有"万岁千秋，去殃除凶"等吉祥语的辟邪钱币演变为用红喜袋或红纸包封装现金的形式；在流通功能上，由具有玩赏性质的礼币发展为以实用货币为主的适用情境；在发放范围上，

由宗族内部向宗族外部扩散，由血缘关系向非血缘关系普及。理念上的维持表现为其文化内涵保持了"尚公、重礼、贵和、均富"等中国传统伦理道德的基本精神。

（二）集体向度的文化精神

"压岁钱"在形式和理念两个向度的活动状态全然作用于传统红包，使之产生了新的服务环境。首先，在流动形式上，使用者以纸质红包作为传播载体，根据当地礼金的惯例并参考个人实际，内置可以履行流通职能的法定货币，在年节、婚嫁等仪式性礼俗情境下，以家族内亲属和家族外朋友为传播对象，表达祝福、友好、慰藉、鼓励、关怀等，通过让渡情感和实利而置换加入群体和组织社交的权利。其次，在理念内涵上，传统红包仍以"尚公、重礼、贵和、均富"为价值取向，在人际关系的交织中，持续深化"重整体、重礼仪、重和谐、重平均"的传统文化，并将该内涵产生的效果反哺由使用者组成的社会网络。

从严格意义上讲，传统红包所特有的外在载体和内附金额只是一种人化符号形式，它实际上承载着复杂的逻辑内涵，映射使用者在价值观念、认知模式、行为方式等方面的既有文化特质。传统红包在形式和理念上的活动状态导致集体凝结的文化情境。一方面，其在形式渐变的历史背景下，始终因循整体利益、礼仪规范、和谐团结、财富均享的精神价值体系，并以该体系的现实阐释作为自身调整的指导框架。另一方面，它又通过媒介形式的流动达成道德文化扩散与强化的目标，进而寻求从人际和谐到群体融洽、从家族兴旺到社群安定、从增进社会公德到提高社会文明等递进性质的传播效果。但传统红包在"尚公、重礼、贵和、均富"影响下的局限性也由此发散。不可否认，对集体、秩序和均衡的过分强调，难免会引起个性压抑、群体活力受损、社会结构僵化等现象发生，这是传统红包因其文化特性产生的一处不易察觉的缺陷。

（三）表达宏观经济发展的媒介效应

如英国学者盖丽安·多勒（Gillian Doyle）所言："多数媒体的命运是

和整个经济的起伏联系在一起的。"[133] 经济发展水准是影响媒介成长的关键要素，货币供应量又是经济表现的重要指标，因此，传统红包作为媒介与货币之间保持着密切的关联。货币是固定充当一般等价物的商品，以极强的流动性和普遍的认可度为特征，可以被视作传递信息的支付中介。"流动不仅是社会组织里的一个要素而已：流动是支配了我们的经济、政治与象征生活之过程的表现"[88]505。传统红包流动的背后反映出商品经济和社会关系的活跃，成为真正意义上的货币是传统红包获取流动潜能的重要转折。

这个转折点最早出现于宋代，其时社会人口激增，市民阶层初兴，城市、货币、商业、信用、海外贸易全面生长，工商业文明攀升至一个新的阶段。经济的高度繁荣推动纸币"交子"走上商品交换的历史舞台，"稍后，以白银为代表的贵重金属称量货币亦开始跻身于流通领域"[134]，货币形式的丰富为传统红包的演进预备了重要的物质基础。压岁银币的礼物形式适时出现，成为传统红包从辟邪趋吉意义上的礼币向流通意义上的实用货币转变的一个分水岭。

"红包文化在'两宋'时形成和发展"[135]，究其经济效应方面的成因有二：其一，社会生产力提升，人口大幅度增加。人身依附关系松弛、都市化进程加速的社会现实迫使承载人口集体化趋势的社会网络面临挑战。作为应对，社会交往需要诉诸一种可以流畅周转且能培养礼仪的媒介，借其完成高频、紧密的织结，以适应人口流量的结构性变化。其二，经济水平提升、商人群体崛起带动货币流通加速。受其影响，货币逐渐丰盈并凸显其自身改善民生的效果。以此为基础，民间利市观念及功利主义学派初步兴起，传统儒家义利对立论开始松动，财富分享精神悄然孕育。以货币为情感表达载体的礼物形态大受欢迎，经久不衰，宋代以降尤以明清为盛，其流动态势与其同期经济发展呈相关性，折射出人们富裕安居的文化心理和精神寄托。

（四）群体语境的心理线索

在现实生活中，人们有意识地参与外部的社会活动来满足群体融入的需求，传统红包的流动正是对此类需求的反映，红包传播过程赋予使用者归属感和身份认同。对其心理感受而言，社会化参与的实践与红包数额的多寡同等重要，甚至尤有过之。因此，传统红包不单涉及社会结构和经济成本，也在一定程度上关联心理学范畴。人们是否使用传统红包的社会决策，不仅受到非静态的社会、文化和经济因素的影响，而且由心理意向所左右。

罗伊·鲍迈斯特（Roy F. Baumeister）认为，"人类基本的需求是归属感。也就是需要与他人发展长期的重要关系"[84]83。归属感的缺失将导致焦虑、压力等负面的情感、认知和行为结果。归属感指向个体与群体的内在联系，并代替群体向个体设置准入的条件。这些条件与群体所处的文化背景密切相关，又触及两个通用的因素：经常与他人进行积极的互动且互动具有稳定性和持续性。不同文化作用下的民族秉持各异的社会心理特征，这些独特的心理气候不单影响归属需求的形成，也决定着需求满足的手段。在中国文化语境下，传统红包具有整合群体准入条件、满足归属需求、激发持续互动的文化工具属性。传播者通过节奏性的红包仪式能动地强化归属感，获取以集体参与感为标识的交往报酬。

人际交往时，参与者必须分享基本的程序规则，以避免交流混乱。在实际操作中，传统红包媒介规则的形成基于互动的传播经验，以约束仪式场合中恰当的收发行为。在多数情况下，恰当行为的达成是外部文化习俗、群体压力和社会结构驱动的结果，个人自主性意愿的发挥空间往往受到限制。因此，传统红包的使用是个体对群体的顺从、集体对自主的规训，其媒介规则与具体实践可以被视为描述社会阶层结构和仪式文化制度的分析模式。

此外，传播流程的完整性要求传播者和传播对象占据同等重要的位置，两者紧密不可分。传播对象具有收集信息以克服不确定性的心理需求，与传播者同是关键的考察单位。个体能否成为红包的传播目标，是辨别自身是否居于群体、是否保持归属状态的依据。由此，传统红包具有社交心理上的双向性，既可以通过"发出"获取归属感，又能够依据"收到"验证归属性。传统红包趋于以一种特殊的信息环境的塑造方式把行为主体包括在内或排斥在外，因而具有独特的社会心理意义。

（五）多元感知的媒介平衡

媒介偏向是媒介环境学派研究的理论基础，"是指媒介对人的感官系统和心理以及社会文化的长效影响"[136]。感官是感受外界事物刺激的器官，"无论是认知、情感还是道德，最初都与人的感知机能相关，与个体借以联接世界的身体感官相维系"[137]，因此个体所经历的信息获悉、情感掌握、伦理培养、文化习得、社会凝结乃至广阔的现实生活都与人的感知模式和感官机制的发展进化休戚相关。在个体社会化的历时维度中，作为媒介的传统红包通过与使用者建立互动机制参与到其社会网络的连接和形成之中，从而对众人的感知模式和文化心理产生重要的型塑作用。

传统红包对感知的塑造是通过人对它的交互使用来实现的，"对人来说，感知对象世界的最简单的形式是感觉，它是其他一切意识产生的条件"[138]。在麦克卢汉看来，媒介与人的感官之间存在着密切的关系，媒介是人的感觉的延伸。以此为切入点，使用者对红包的应用绝非简单地操作仪式化的物质工具，而是创造性地延伸自身的身体感知功能。现实的人际传播可以同时诉诸视觉、听觉、嗅觉、味觉和触觉等感官，以人际传播为畛域的传统红包在流动中亦需要积极感觉上的参与。这种参与以触觉为主导官能，从载体的购买、准备、填装到送出、接受甚至收藏、再周转，触觉始终通过人对传统红包的接触使用而激发和延伸，并在此基础上，提供社会交际的体验。与此同时，视觉和听觉又受调动卷入其中，多种感觉形成一种平衡，通过协调作业营造特殊的情绪感染力，令使用者保持感觉整体，使感觉机能最大限度地投入生活经验的创造，以便执行完整的红包仪式的社交程式。

"触觉既是人们首先发展的感官，也是人们获取信息与掌控环境的重要手段。"[139] 传统红包因延伸了触觉而相当于一次额外的"握手"，在向使用者提供关于归属感等外部社会信息的同时，附加线性时间内熟络的言语交流和具象化的视觉意义传达，推动多元感知媒介环境的产生。这种环境是时空同步的关系场，感官的延伸是多方位且共鸣的，使用者倚重传统红包多元感知的媒介偏向参与集体性的传播仪式，由此将自身置于稳固、亲密、真实的部落结构之内，强化着相互间的关系基础。

二、微信红包的媒介属性

2014 年 1 月 27 日，腾讯公司正式上线微信红包。它的出现，既依赖新信息技术的作用，又受力于社会文化和个体心理的推动。在实际运用中，基于移动互联网的传播效应，微信红包降低了接受成本，提供了一种新的社会交往的手段，通过触及社会生活的多个层面，在作用于人们社会实践活动的同时，潜入使用者复杂的心理结构，构造了有别于传统红包的媒介文化环境。

（一）建立在信任机制上的数字化虚拟符号

从广义上看，微信红包属于电子红包的范畴。电子红包的业务早在 2004 年已经问世，最初是由长沙一家银行推出的，几乎囊括传统红包的礼仪场景，其运作反映电子货币应用的创新模式，具体表现为"依托于网上银行，实际上是卡卡转账服务的延伸"[140]。受限于网络技术、用户结构、消费习惯、礼俗观念、金融体系等历史条件，银行推出的电子红包服务项目在当时并未形成气候，而这些条件在日后的升级和改善却成为微信红包得以风靡的基本要件。

与传统红包具象化的实体形态有异，微信红包的载体实质上是数字化的虚拟符号，即在参照传统红包外观样式、运作程序、礼俗规则的基础上，通过计算机信息技术制造一个应用系统，将赠送红包的传统年俗仿真转化成电子红包的形式。微信红包的虚拟方式是数字化，法国学者斯卡帝格利（Scatigley）认为，"一种声音或光线，均可以变成基本的数码系统，不仅可以储藏，而且可以输送，还可以随时复制，最后还可以发明和改造。如此，声音和视像、思想和行动，全部都数字化了"[141]。在微信红包的线上流动中，包括用户账号、红包视像、交际金额、操作界面、文本输入等在内的所有对象都是虚拟的、数字化的信息符号式的呈现。从表面来看，微信红包的程式运作是移动网络技术拓展与支撑的表现，其内在却因虚拟和现实的对接互动而表征着"信用"这个宏大的议题。"社会生活建立在信任和委托他人去核实的基础之上"[142]，依靠信息技术而延展的网络空间实质上是一个微观的现实社会，也以信任和委托为推动因素。虚拟与信用构成一对关系密切的组合，网络世界版图的延展与信用精神息息相关。信用所阐扬的深刻内涵是促使线上的虚拟和线下的真实发生耦合关系的社会底色，信任的达成引发使用者和微信红包双方自觉自愿的反复协作。

在这种新生的信用关系结构内，存在一个保障其顺畅周转的网络信用机制，该机制由腾讯支付基础平台与金融应用线（FiT）负责，职能涉及微信红包的技术支持、交易系统以及与银行的对接。FiT 行使中介、核实和把关的作用，凸显两类红包由数字化所引起的差异现象，即在媒介流动中，传统红包是人与人的直接连接，而微信红包内置一个信用机制来保障电子货币的流通顺畅与安全，进而具有了公共产品的属性。

（二）工具理性的网络文化价值观

媒介技术的革新推动社会环境的嬗变，在技术和社会之间，闪耀着复杂的文化制度、意识形态、生活方式等人类经验性内容。互联网是现代信息科学技术的崭新成果，受力于复杂的社会因素，与使用者在多元社会情境的交互中形成一种有别以往的媒介形态。"互联网对于中国社会发展更重要的意义，在于它对中国社会进程的深层影响，而这种影响在很大程度上表现为网络文化的影响。"[143]互联网既有文化的意义，又有文化的功能，网络文化是信息技术的张力在全社会广泛应用的产物。越来越多的社会信息、文化观念、人际交往、休闲娱乐等现实社会的事务与活动依凭互联网所创建的数字世界来传播和达成。以此为基础，互联网孕育包括网络文化行为、网络文化产品、网络文化事件、网络文化精神在内的各类新的文化现象，对人类所熟谙的社会结构和生存环境产生深远的影响。复杂的网络文化景观以数字化手段激发现实世界和虚拟世界的多种组合。微信红包作为其组合形式的一种，表现出与传统红包不同的特质，在很大程度上与它所借助的数字技术工具有关。在提供传统红包所具有的仪式化功能和集体化效用之外，微信红包依靠数字技术所创建的结构框架和技术逻辑，开辟了非仪式化的适用情景，扩宽了使用者的社交边界。玩游戏、拼手气、晒截图、引起话题、转账支付、电子货币提现等，微信红包产生了与传统红包迥异的社会行为。在媒介情境论中，"真正不同的行为，需要真正不同的情境"[60]。媒介的变化通过改变社会情境的类型而促使人们的行为发生变化，行为需要适合具体的情境，微信红包新的情境的产生要求人们采取新的行动。"网络文化是一种理性文化，更是一种工具性文化，工具理性是网络文化的现代性精神特质"[61]。在流动中，微信红包显示出网络理性和工具性的文化行为特征。网络理性因袭现代理性精神的特质，以自由、自主、民主和平等为核心理念，赋予微信红包实质性的精神内容。工具性体现富于理性精神的个体的目的性，展示其在微信红包运行中的价值追求。因此，微信红包产生的行为是使用者针对自身需要的满足和意图的实现所施行的具有自主意义的手段，使用者可以控制互动的时间和速度。与传统红包寄身于集体性文化空间的现象有明显差异，微信红包既是主体性文化，又是目的性文化，是以工具理性为精神特质来反映现实和网络之间关系的媒介形式。使用者对微信红包富有工具理性思维的实践，使网络文化的差异性、创新性、独立性等得到社会的广泛认同，创造出别具特色的微信红包文化。

微信红包作为一种工具理性的文化形态，贯通真实世界和虚拟世界，它使异地远程的仪式及非仪式连接得以便捷实现，由此扩张了差异文化背景下个体间的互惠传播，推动不同个体既有价值观的对话与理解。微信红包在肯定使用者创造性的基础上，凸显着其自身在促进个体自主性和文化形态变迁过程中的作用。

（三）参与金融体系重构的经济潜能

如前所述，红包媒介形态的演化依赖一定的经济基础，是对社会经济结构发展的对应式表达。众所周知，腾讯公司是以社交和游戏见长的互联网公司，微信红包的成长得益于其母体在这两方面的既有经验和资源。"马化腾曾经概括：微信红包是社交金融游戏。"[144]其商业消费指向不难理解，即凭借升级迭代的网络技术，依托庞大的社交用户，通过不断进化的游戏功能，参与社交支付场景，将微信红包打造成通往金融服务的关键入口。显然，"'微信红包'无疑是互联网金融产品创新的一个突出代表"[145]，其特有的金融属性使其有能力促成因网络社交而产生的碎片化资金的商业支付，给移动支付及现实生活带来便捷和普惠。与传统红包相似，微信红包的变化也是首先从其货币的流动属性开始。"信息技术的每项突破都是在逐渐打破信息（数据）与其他要素的紧耦合关系，增强流动性，从而扩大使用范围并提升使用价值，最终提高经济和社会的运行效率。"[146]电子货币技术允许微信红包与使用者以非同一空间的离散状态并行，微信红包由此获得显著的流通效果。

互联网与金融是中国推动现代化进程的两大动力，其融合所促成的新型金融体系的重构，将成为现代中国迈入世界强国行列的重要途径。媒介环境学派认为，技术必然带来社会变迁，社会变革是对新传播技术的回应。"互联网金融的出现，使金融业可能面临彻底的革命，那就是将可能实现数字货币普及。"[147]微信红包是互联网金融的产物，属于电子货币范畴，可以被视为法定货币的电子化。腾讯官方发布的《2017 微信春节数据报告》显示，仅在 2017 年"除夕至初五，微信红包收发总量达到 460 亿个"[148]。2018 年春节期间，相关数据表现依旧出色，"共有 7.68 亿人选择使用微信红包传递新年祝福"[149]。由此可见，在数字化货币普及的金融革新背景下，凭借庞大的使用体量，微信红包的消费会对互联网金融的繁荣起到显著的推动作用，产生动员社会的强大效果。

（四）自我呈现的心理意向

已有研究结果表明，个体对社交媒体的使用带有人际沟通、信息传播、游戏娱乐、自我呈现等目的性。在这些使用意向中，网络自我呈现越来越受到学者的关注。自我呈现的概念首先由欧文·戈夫曼（Erving Goffman）提出，在其戏剧理论中，自我呈现被视为一种策略，即可以"给他人留下这样一种印象，这种印象将引导他们自愿地按照自己的计划行事"[150]。因此，自我呈现可以被视为个体管理和控制他人对自己所形成的印象的过程。

个体差异对自我呈现十分重要。在传统红包面对面交往中，受限于社会规范等集体化压力，个体差异的空间被压缩，个体印象管理行为的可控性并不高。"Walther 发现，个体在通过计算机等电子媒介进行自我呈现时比面对面的情况下更有控制力。"[151] 作为中国最大的社交网络，"微信为媒介化的自我呈现提供了一个新的平台"[152]。在微信红包运行中，可供个体选择的情境、时机、对象较为多元，自我呈现的策略得以丰富，自主性和灵活性明显提升，自我呈现显示出工具理性的色彩。众所周知，微信是熟人社交，映射着现实的人际关系。个体在现实生活中的行为举止和社会关系与其在微信社交网络中的关系、举止有较高的匹配度。个体对微信红包的使用包括自我呈现的动机、建构和技巧，虽然体现出鲜明的自主性，但是也折射出传播者在文化、性别、年龄、媒介使用偏好、传受关系、传播态度和情感等方面的现实性特征。传受双方构成完整的自我呈现过程，传播对象在理解传播主体的自我呈现时，不但会分析红包的类型和金额，而且会思考其动机，以作为反馈的基础。

个体基于微信红包的自我呈现具有影响现实社会的作用，包括建构身份标识、营造数字化亲密感、维系现实关系、提升社会认同、积蓄社会资本、增进社交技巧、丰富媒介经验、影响他人行为等效果。微信熟人社交的模式决定了用户关系的基本结构，即主要呈现强关系连接的社会行为。依此模式而生的微信红包遵循熟人社交的逻辑，在流动中映射现实世界的强关系网络。企鹅智库基于 64540 名手机用户的调研报告显示,"用户的手机红包收发对象主要集中在熟人关系圈;除了朋友,对于不同年龄段的用户而言,亲人亲戚都是非常重要的收发对象"[149]。由此可见,"社交媒体非但没有拓宽我们交流的范围,没有加深我们的理解,反而强化了既成的社会等级和封闭的社会群体"[62]145。微信红包在开展新关系方面的效果并不理想,究其原因,除了微信社交逻辑的机制性作用外,中国族群特有的财富观念和文化心理同样产生了一定的影响。

（五）强调视觉的媒介偏向

微信是集文字、图像、语音、视频等内容形式为一体的即时社交平台,其运用延伸了人的中枢神经系统,使视觉、听觉、触觉在声、光、电的激荡中形成整体和平衡的关系,将使用者置入数字媒介作用下的部落化生态。微信红包是微信功能应用的一种,其传播的信息内容以结构性图像符号的形式呈现,即依靠图像数字技术和智能终端装置实现视觉图像的形构和传受,由此形成独特的视觉语言文化和视觉传播形态。与文字符号相仿,图像亦由"能指"和"所指"构成,可以成为视觉传播的信息文本。

图像通过传递信息表达情感,从而产生意义。"获取意义是人们制造视觉图像的根本目的"[153]。微信红包选择沿用传统红包的视觉主体来承载喜庆、祝福、示好等意义,正是特定社会心理需求和个体媒介经验共同参与的结果。微信红包所标记的集体记忆符号可以强化个体的凝视,唤醒与传统红包社交相关的情感。对于不同个体而言,微信红包的多情境意义又使视觉传达呈现出不同的价值取向。

媒介的载体制式型塑了与之相适应的感知模式,微信红包偏重视觉的文化征象肇始于新兴媒介对个体感知模式的调整和再构。在微信红包运行中,触觉是伴随性的、戳点触发式的,并不具有持久性。与此同时,微信红包虽然有可能引起即时语音的响应,但是视觉与听觉往往为割裂的、非同步的。视觉所对应的观看动作是人类极为常见的行为,微信红包以图像为主的呈现方式令使用者专注于观看由图像构造的意义世界,使其感官偏重于视觉的感知模式。这种现象打破了感官的平衡，凸显了视觉的影响，削弱了触觉和听觉的作用。微信红包构筑了一种视觉秩序，这种秩序表现为一种视觉文化符号传播系统。"视觉功能的强化使人走向了个体化的独立，开启了人类社会的一个去部落化的过程。"[137]也就是说，微信使个体趋于部落化，而作为其重要组成部分的微信红包则以去部落化的媒介趋势对其产生冲击。

麦克卢汉认为，媒介技术对人的影响"不是发生在意见和观念的层面上，而是要坚定不移、不可抗拒地改变人的感官比率和感知模式"[154]。个体的感官机能伴随红包载体制式的改变而改变，伴随触觉、视觉、听觉的重组而不断重塑红包的功能形态。以媒介技术推动的载体制式而言，红包经历了集体向度的传统红包和主体向度的微信红包两个文化阶段，并由此形成与之相应的感知结构偏向。在集体向度阶段，传统红包产生以触觉为主导官能，其他感官与之形成均衡关系的多元感知媒介偏向。在主体向度阶段，微信红包数字图像符号的凸显打破了感官的平衡状态，引发了视觉感知的媒介偏向。微信红包不仅延伸了视觉，而且延伸了个体在过去通过时空同步的人际传播才能实现的红包活动。不同于传统红包特定的仪式时间和公共空间，微信红包的发生时间较为随意，空间以缺场交往为特征，削弱了使用者亲身接触的必须性，且掺杂过多的娱乐游戏的因素，这些情况导致礼俗强制性的消解，仪式感由此降低，深层文化价值属性也随之淡化。

三、网络动员诉求下"传统"与"数字"的共进

正如我们所见，经济、文化以及心理的背景在很大程度上型塑了媒介在中国的使用和作用。微信红包决定性的因素，不仅是新信息技术本身，更是能够助其发挥传播效能的接受语境。微信红包是传统文化与现时文明交融的媒介形态，它受交流引导，借由一种全新的数字化的载体制式规范，刻画了异于以往的个体感知结构和心理体验。这种载体制式更像是一

种体量宽广的召唤结构，强烈地激发着使用者的实践热情，诱导使用者参与到和他人的互动中。微信红包允许个体自主性发展，在承担社交工具和公共空间职能的同时，表征着新的社交媒介生态的接受语境。"接受语境不仅影响技术如何得以利用，而且也影响它所负载的信息如何解释。"[155]诉诸移动互联网传播的深刻冲击及其影响下的接受语境，微信红包不但开创了交往的新形式，发展了新的认知结构，影响了个体的自我呈现，推动了金融的重构，而且在一定程度上改变了文化交流和社会动员的方式，充实了网络文化的形态，革新了生存其中的人类生活，强化了中国传统民俗文化，传播了中国特色的和谐交际观念，成为促进社会现实和网络产业繁荣的新型力量。然而，微信红包在促进社交即时性与便利性的同时，又造成了某种程度的碎片化、娱乐化、随意化和无序化，红包文化固有的仪式感和神圣感受到强烈的冲击。此类现象的出现，除了微信红包网络技术特征的影响外，也与用户行为的主体性相关。以赌博、贿赂为代表的个体对微信红包的误用和滥用成为扰乱甚至阻碍健康社交的媒介噪声。

目前，有关微信红包势必取代传统红包的预测，主要是基于互联网技术特性这一逻辑，并没有把握一个要点，即互联网的影响要经过社会结构和文化过程的过滤。身处互联网浪潮中的微信红包自然要受到社会过滤机制的规制，它离不开与既有文化语境的契合。不同类型媒介的协调使用对于社会稳定具有重要作用，如果只重视网络交际而忽视现实互动，那么不论是对个人还是对社会都绝非妥善之举。交往是社会的展开形式。对于个人而言，如果沉溺于微信红包缺场交往的虚拟性与碎片化，忽视接触真正的现实世界和在场交往，那么势必出现浅尝辄止的心理依赖。对于社会而言，如果仅仅强调微信红包的时空优势而轻视传统红包的作用，那么势必难以充分利用多种传媒资源来建立起完整的、真正高效的社会信息系统。因此，传统红包与微信红包是一组互为补充的媒介关系，皆对个体的社会化和社会的熟络化产生重要的作用与意义。

参考文献

[1] 徐志远. 思想政治教育学范畴：涵义、特征与功能 [J]. 武汉大学学报（社会科学版），2002(2): 227-231.

[2] 伍铁平. 论词源学及其意义和研究对象 [J]. 外语学刊（黑龙江大学学报），1986(4): 16-24.

[3] SCHUBERT F N. Mobilization in World War[EB/OL]. (2003-02-03) [2024-05-06]. https://history.army.mil/documents/mobpam.htm.

[4] 蒋方震. 新兵制与新兵法 [M]. 上海：商务印书馆，1937: 54.

[5] 苏志荣. 战争动员面面观 [J]. 领导文萃，2001(11): 55-60.

[6] 张杰. "动员"词源略考 [J]. 国防，2004(4): 54.

[7] Mobilmachung[EB/OL]. (2021-06-01) [2024-05-06].https://www.dwds.de/wb/Mobilmachung.

[8] SUMMARY[N].The North-China Daily News, 1878-10-21(3).

[9] 冯天瑜，邓新华. 中、日、西语汇互动与近代新术语形成 [J]. 浙江社会科学，2002(4): 121-128.

[10] 崔崟，丁文博. 日源外来词探源 [M]. 广州：世界图书出版广东有限公司，2013.

[11] 老苍. 动员史释 [N]. 中央日报，1941-05-17(5).

[12] 藤山治一，高田善次郎. 独和兵语辞书 [M]. 东京：独逸语学杂志社，1899: 239-240.

[13] 仇子扬. 日中近代軍事用語の交流と相互影響に関する考察：『中日近代新詞詞源辞典』の編纂のために [J]. 関西大学東西学術研究所紀要，2018(51): 159-172.

[14] 吴峰，吴承义. "动员"词源新考 [J]. 国防，2010(4): 18-19.

[15] 朱昭华 . 论日俄战争时期的袁世凯 [J]. 历史教学 , 2011(12): 42-47.

[16] 斯塔夫里阿诺斯 . 全球通史 : 从史前史到 21 世纪 [M]. 北京 : 北京大学出版社 , 2005: 588.

[17] 译件 [N]. 大公报 (天津), 1903-05-26(2).

[18] 中国第一历史档案馆 . 晚清新编陆军战法兵语字汇 [J]. 历史档案 , 2008(2): 19-37.

[19] 长泽规矩也 . 明清俗语辞书集成 : 第 2 册 军语 [M]. 上海 : 上海古籍出版社 , 1989: 1596.

[20] 林申清 . 《四库全书》禁书目录考 [J]. 江苏图书馆学报 , 1991(2): 37-39.

[21] 张书才 . 纂修四库全书档案 : 下 [M]. 上海 : 上海古籍出版社 , 1997: 1693.

[22] 姚觐元 . 清代禁毁书目 : 补遗 [M]. 上海 : 商务印书馆 , 1957: 84.

[23] 钱茂伟 . 明末清初明史编纂特点三论 [J]. 史学月刊 , 2009(4): 112-119.

[24] 河南省信阳县志总编辑室 . 重修信阳县志 [M]. 信阳 : 河南省罗山科技印刷厂 , 1985: 481.

[25] 谷应泰 . 明史纪事本末 : 卷 55 沿海倭乱 [M]. 北京 : 中华书局 , 1977: 847.

[26] 四库禁毁书丛刊编纂委员会 . 新刻明政统宗三十卷附一卷 : 二 [M]. 北京 : 北京出版社 , 2000.

[27] 怀效锋 . 大明律 [M]. 沈阳 : 辽沈书社 , 1990: 117.

[28] 北京图书馆古籍出版编辑组 . 北京图书馆古籍珍本丛刊 :10 史部 · 杂史类 · 虔台倭纂 [M]. 北京 : 书目文献出版社 , 1989: 231.

[29] 王士性 . 广志绎 [M]. 北京 : 中华书局 , 1981: 76-77.

[30] 中国历史研究社 . 倭变事略 [M]. 上海 : 上海书店 , 1982: 3.

[31] 林彩虹 . 明朝时期中国汉籍东传日本研究 [J]. 牡丹江师范学院学报 (哲学社会科学版), 2008(6): 44-46.

[32] 威廉斯 . 关键词 : 文化与社会的词汇 [M]. 刘建基 , 译 . 北京 : 生

活·读书·新知三联书店, 2005: 2.

[33] 中国互联网络信息中心. 第 53 次中国互联网络发展状况统计报告 [EB/OL].(2024-03-25)[2024-05-06].https: //www.cnnic.net.cn/NMediaFile/2024/0325/MAIN1711355296414FIQ9XKZV63.pdf.

[34] 中央电视台大型纪录片《互联网时代》主创团队. 互联网时代 [M]. 北京：北京联合出版公司, 2015.

[35] 习近平. 决胜全面建成小康社会 夺取新时代中国特色社会主义伟大胜利：在中国共产党第十九次全国代表大会上的报告 [EB/OL].(2017-10-27)[2024-05-06].http://cpc.people.com.cn/%2019th/n1/2017/1027/c414395-29613458.html.

[36] 中共中央关于构建社会主义和谐社会若干重大问题的决定 [EB/OL].(2006-10-11) [2024-05-06].https: //www.gov.cn/gongbao/content/2006/content_453176.htm.

[37] 商务印书馆辞书研究中心. 新华词典 [M]. 北京：商务印书馆, 2002: 668.

[38] 黑格尔. 逻辑学：下卷 [M]. 杨一之, 译. 北京：商务印书馆, 1976: 66.

[39] 朱力, 纪军令. 当前我国重大社会矛盾冲突的新型特征 [J]. 中共中央党校学报, 2015(5): 92-100.

[40] 毛泽东思想和中国特色社会主义理论体系概论编写组. 毛泽东思想和中国特色社会主义理论体系概论 [M]. 北京：高等教育出版社, 2015: 120-121.

[41] 决胜全面建成小康社会 夺取新时代中国特色社会主义伟大胜利 [M]. 北京：人民出版社, 2017: 14.

[42] 吉登斯. 现代性的后果 [M]. 南京：译林出版社, 2000: 4.

[43] 郭德宏. 中国现代社会转型研究评述 [J]. 安徽史学, 2003(1): 87-91.

[44] 朱力. 当前基层社会矛盾的特点及化解探究 [J]. 群众, 2014(8): 21-22.

[45] 李海荣. 新时代我国社会矛盾及其制度内化解 [J]. 科学社会主义,

2018(4): 106-110.

[46] 克里斯塔基斯 , 富勒 . 大连接 : 社会网络是如何形成的以及对人类现
实行为的影响 [M]. 简学 , 译 . 北京 : 中国人民大学出版社 , 2013.

[47] 林其锬 ."五缘"文化与亚洲的未来 [J]. 上海社会科学院学术季刊 ,
1990(2): 118-127.

[48] 黄鸣奋 . 网络时代的五缘文化 [J]. 东南学术 , 2014(2): 169.

[49] 《楚天都市报》主动裁员近百人!"勇于裁员的媒体就是有希望的
媒体"![EB/OL]. (2018-03-30) [2024-05-06].http: //www.safebase.cn/
article-243837-1.html.

[50] 魏艳华 . 传统媒体人的生存现状与发展前景 [EB/OL].(2016-04-
07)[2024-05-06]. http: //media.people.com.cn/n1/2016/0407/c403564-
28258383.html.

[51] 刘力锐 . 西方网络动员研究的进程 : 领域、议题及启示 [J]. 当代社科
视野 , 2012(6): 30-35.

[52] 刘琼 . 网络动员的作用机制与管理对策 [J]. 学术论坛 , 2010(8): 169-
172.

[53] 李不难 . 化解网络社会动员中消极行动力量的思考 [J]. 西安政治学
院学报 , 2010(3): 32-34.

[54] 张雷 , 刘曙光 . 论网络政治动员 [J]. 东北大学学报 (社会科学版),
2008(2): 145-149.

[55] 罗佳 , 刘小龙 . 网络动员与现代思想政治工作的方法改进 [J]. 求实 ,
2006(3): 80-82.

[56] 陈华 . 互联网社会动员的初步研究 [D]. 北京 : 中共中央党校 , 2011.

[57] 韦路 . 传播技术研究与传播理论的范式转移 [M]. 杭州 : 浙江大学出
版社 , 2010.

[58] 王宏 , 陈小申 , 张星剑 . 数字技术与新媒体传播 [M]. 北京 : 中国传媒
大学出版社 , 2010: 17.

[59] 彭阳, 程硕, 武晓东. 浅谈计算机技术发展及其应用 [J]. 中国新技术新产品, 2018(11): 31-32.

[60] 旷晓兰. 空间感的失落: 约书亚·梅罗维茨的媒介情境论研究 [J]. 东方企业文化, 2011(8): 176.

[61] 刘同舫. 网络文化的精神实质 [J]. 天津社会科学, 2005(6): 55-60.

[62] 柯兰, 芬顿, 弗里德曼. 互联网的误读 [M]. 何道宽, 译. 北京: 中国人民大学出版社, 2014.

[63] 张咏华. 媒介分析: 传播技术神话的解读 [M]. 北京: 北京大学出版社, 2017: 95.

[64] 甘莅豪. 去中心化: 后现代性与媒介革新下的流行语 [J]. 国际新闻界, 2013(7): 26-36.

[65] 张鑫. 自媒体去中心化传播分析 [J]. 传媒, 2017(7): 47-48.

[66] 徐翔. 异化的"去中心": 审视电子乌托邦 [J]. 南京社会科学, 2010(10): 120-126.

[67] 王世华, 冷春燕. 互联网再认识: 去中心化是个伪命题？: 兼与李彪先生商榷"中心化"问题 [J]. 新闻界, 2013(20): 46-49.

[68] 张婧妍. 回归关系的向度: 透视去中心化时代的新权力 [J]. 中国图书评论, 2015(7): 44-48.

[69] 吴文汐. 媒介的力量: 媒介使用对人的生活时间的重构研究 [M]. 北京: 人民日报出版社, 2015: 2.

[70] 孙信茹. 传媒人类学视角下的媒介和时间建构 [J]. 当代传播, 2015(4): 34-37.

[71] 张志国. 别让智能手机毁了你的眼 [J]. 绿色中国, 2014(2): 64-67.

[72] 《国民手机用眼行为大数据报告》发布 [N]. 中国科学报, 2018-06-07(4).

[73] 4.75 本、23.38 分钟！国民阅读调查最新报告 [EB/OL]. (2024-04-23) [2024-05-06]. https://baijiahao.baidu.com/s?id=1797098679608156368

&wfr=spider&for=pc.

[74] 丹麦诺赋乐"眼黄金"叶黄素亮相中国市场，引发行业"天花板"革命 [EB/OL]. (2023-08-19) [2024-05-06].https: //hea.china.com/article/20230819/082023_1394420.html.

[75] 银昕 . 尼古拉斯·卡尔：技术会将我们引入歧途吗？[J]. 商学院，2015(12): 63-64.

[76] 波兹曼 . 娱乐至死 [M]. 章艳，译 . 北京：中信出版社，2015: 96.

[77] 伊尼斯 . 帝国与传播 [M]. 中文修订版 . 何道宽，译 . 北京：中国传媒大学出版社，2015: 13.

[78] 栾春晖 . 从去中心化传播到再中心化传播 [J]. 青年记者，2015(30): 112.

[79] 谷歌被罚 27 亿美元！互联网商业如何避免伦理失范？[EB/OL]. (2017-07-05)[2024-05-06]. https://www.sohu.com/a/155057248_570248.

[80] 国家网信办指导北京市网信办依法约谈处罚新浪微博 [EB/OL]. (2020-06-10) [2024-05-06].http://www.cac.gov.cn/2020-06/10/c_1593350719478753.htm.

[81] BERNERS-LEE T. Long live the web: a call for continued open standards and neutrality[EB/OL].(2010-12-01) [2024-05-06]. https://www.scientificamerican.com/article/long-live-the-web/.

[82] 莱文森 . 数字麦克卢汉：信息化新千纪指南 :[M].2 版 . 何道宽，译 . 北京：北京师范大学出版社，2014: 55.

[83] 伯林特 . 环境美学 [M]. 张敏，周雨，译 . 长沙：湖南科学技术出版社，2006: 20.

[84] 艾特瑞尔 . 互联网心理学：寻找另一个自己 [M]. 于丹妮，译 . 北京：电子工业出版社，2017.

[85] 托夫勒 . 第三次浪潮 [M]. 黄明坚，译 . 北京：中信出版社，2018: 64.

[86] 张菊，王滴波，马琳 . 国外网络动员概况及主要治理举措探析 [J]. 信息安全与通信保密，2014(12): 101-105.

[87] 关海庭 .20 世纪中国政治发展史论 [M]. 北京：北京大学出版社，
      2002: 253.

[88] 卡斯特 . 网络社会的崛起 [M]. 夏铸九，等译 . 北京：社会科学文献出
      版社，2001.

[89] CHOW K W.Publishing, culture, power in early modern China[M].
      Stanford: Stanford University Press, 2004: 253.

[90] 杨国斌 . 连线力：中国网民在行动 [M]. 邓燕华，译 . 桂林：广西师范
      大学出版社，2013: 61.

[91] 冯仕政 . 沉默的大多数：差序格局与环境抗争 [J]. 中国人民大学学
      报，2007(1): 122-132.

[92] 尼葛洛庞帝 . 数字化生存 [M]. 胡泳，范海燕，译 . 海口：海南出版
      社，1996.

[93] KIETZMANN J H, HERMKENS K, MCCARTHY I P, et al.Social
      media? Get serious! Understanding the functional building blocks of
      social media[J].Business horizons, 2011(54): 241-251.

[94] OBAR J A, WILDMAN S S.Social media definition and the governance
      challenge: an introduction to the special issue[J].Telecommunications
      policy, 2015,39 (9): 745-750.

[95] 2024 年全球数字化营销洞察报告：50 亿社交媒体用户 [EB/OL].) 2024-
      04-25) [2024-05-06].https: //t.10jqka.com.cn/pid_352311759.shtml.

[96] 涓总 . 一个死在百度和部队医院之手的年轻人 [EB/OL]. (2016-05-01)
      [2024-05-06].https: //www.163.com/tech/article/BLVUNG4Q000915BF.
      html.

[97] 靳雅茜，魏旭 . 网络媒介的公共性：解读哈贝马斯的《公共领域的结
      构转型》[J]. 佳木斯大学社会科学学报，2006(1): 168-169.

[98] 刘祖斌 . 媒介形式 · 传播情境 · 话语空间：对 " 群聊 " 的传播学思考
      [J]. 新闻界 . 2006(1): 43-44.

[99] SIMA Y,PUGSLEY P.The rise of a"Me Culture"in postsocialist China: youth, individualism and identity creation in the blogosphere[J].The international communication gazette,2010(3): 287-306.

[100] 刘建明，纪忠慧，王莉丽.舆论学概论 [M].北京：中国传媒大学出版社，2009: 211.

[101] 云南省委宣传部副部长伍皓等做客云网答网民 [EB/OL].(2009-02-22)[2024-05-06]. https:// news.cctv.com/china/ 20090222/104140-3. shtml.

[102] 李永刚.我们的防火墙：网络时代的表达与监管 [M].桂林：广西师范大学出版社，2009: 67-68.

[103] 常健.公共冲突管理 [M].北京：中国人民大学出版社，2012: 10.

[104] 刘琼.网络动员的作用机制与管理对策 [J].学术论坛，2010(8): 169-172.

[105] 科塞.社会冲突的功能 [M].孙立平，等译.北京：华夏出版社，1989: 8.

[106] 张小兵.网络表达与社会稳定 [J].中国人民公安大学学报 (社会科学版), 2009(3): 39-44.

[107] 张磊.中华民族凝聚力学 [M].北京：中国社会科学出版社，1999: 19.

[108] 安德森.想象的共同体：民族主义的起源与散布 [M].吴叡人，译.上海：上海人民出版社，2005: 7.

[109] 刘冰.从网民心理因素看网络非理性舆论的调控 [J].新闻知识，2006(11): 67-68.

[110] 吴江霖.社会心理学 [M].广州：广东高等教育出版社，2004: 212.

[111] COON D. 心理学导论：思想与行为的认识之路 [M].郑钢，等译.北京：中国轻工业出版社，2004: 752.

[112] 赵启正.大众传媒的革命 [J].全国新书目，2000(4): 29.

[113] 郑根成 . 人肉搜索的伦理反思 [J]. 道德与文明 , 2010(5): 121-126.

[114] 胡泳 . 众声喧哗：网络时代的个人表达与公共讨论 [M]. 桂林：广西师范大学出版社 , 2008: 162.

[115] 杨卓超 . 论人肉搜索的合法界限 [J]. 行政与法 , 2009(7): 127-129.

[116] 南方报业网 . 李方：直斥网络暴民相当于以暴易暴 [EB/OL]. (2006-06-16)[2024-05-06].https: //news.sina.com.cn/c/pl/2006-06-16/101710172080.shtml.

[117] 勒庞 . 乌合之众：大众心理研究 [M]. 冯克利 , 译 . 北京：中央编译出版社 , 2005: 12-41.

[118] 舍基 . 未来是湿的：无组织的组织力量 [M]. 胡泳 , 沈满琳 , 译 . 北京：中国人民大学出版社 , 2009: 11.

[119] 基欧汉 , 奈 . 权力与相互依赖 [M].3 版 . 门洪华 , 译 . 北京：北京大学出版社 , 2002: 597.

[120] 郭良 . 网络创世纪：从阿帕网到互联网 [M]. 北京：中国人民大学出版社 , 1997: 23.

[121] 胡泳 , 范海燕 . 网络为王 [M]. 海口：海南出版社 , 1997: 228.

[122] 孟威 . 网络互动：意义途释与规则探讨 [M]. 北京：经济管理出版社 , 2004: 4.

[123] Mob 研究院：《2023 年短视频行业研究报告》(全文)[EB/OL].(2023-07-26) [2024-05-06].http: //www.100ec.cn/detail--6630363.html.

[124] 习近平：高举中国特色社会主义伟大旗帜 为全面建设社会主义现代化国家而团结奋斗：在中国共产党第二十次全国代表大会上 的 报 告 [EB/OL].(2022-10-25) [2024-05-06].https: //www.gov.cn/xinwen/2022-10/25/content_5721685.htm.

[125] 习近平：创新改进网上宣传 把握网上舆论引导的时度效 [EB/OL].(2014-02-28) [2024-05-06].https: //www.cac.gov.cn/2014-02/28/c_126205895.htm.

[126] 习近平.加快推动媒体融合发展 构建全媒体传播格局 [J]. 求是，
2019(6): 4-8.

[127] 酷鹅用户研究院.2018 年手机红包用户洞察报告 [EB/OL]. (2018-03-
20)[2024-05-06]. https://www.163.com/dy/article/DDC518O50511B3FV.
html.

[128] 张咏华.媒介分析：传播技术神话的解读 [M].北京：北京大学出版
社，2017: 156.

[129] 斯丹迪奇.从莎草纸到互联网：社交媒体 2000 年 [M].林华，译.北
京：中信出版社，2015: 8.

[130] 张腾霄，韩布新.红色的心理效应：现象与机制研究述评 [J].心理科
学进展，2013, 21(3): 398-406.

[131] 刘昕毓，李雨欣.新媒体视域下的春节红包文化变迁 [J].东南传播，
2015(7): 63-65.

[132] 施慧.民间压岁钱习俗小考 [J].神州民俗 (学术版), 2010(2): 8-10.

[133] 多勒，赵彦华.什么是媒介经济学？[J].国际新闻界，2005(4): 38-42.

[134] 葛金芳.宋代经济：从传统向现代转变的首次启动 [J].中国经济史研
究，2005(1): 78-86.

[135] 包昌善.红包的文化因由 [J].档案春秋，2013(1): 33-35.

[136] 何道宽，蒋原伦."生命在于运动 意义成于互动"：关于新媒介文化
及思想路径的对话 [J].文艺研究，2013(10): 69-76.

[137] 潘黎勇.感知的重构：麦克卢汉媒介理论视域中的"微时代" [J].社
会科学辑刊，2016(2): 145-151.

[138] 张进.论麦克卢汉的媒介生态学思想 [J].江西社会科学，2012(6): 5-13.

[139] 钟科，王海忠，杨晨.感官营销战略在服务失败中的运用：触觉体验
缓解顾客抱怨的实证研究 [J].中国工业经济，2014(1): 114-126.

[140] 送你一个看不见的红包 电子红包送给谁 [EB/OL]. (2004-10-13)
[2024-05-06].https://www.qingdaonews.com/content/2004-10/13/

content_3757872.htm.

[141] 第亚尼. 非物质社会:后工业世界的设计、文化与技术 [M]. 滕守尧,译. 成都:四川人民出版社, 1998: 244.

[142] 卡普费雷. 谣言:世界最古老的传媒 [M].2 版. 郑若麟, 译. 上海:上海人民出版社, 2018: 5.

[143] 彭兰. 网络文化的构成及其与现实社会的互动 [J]. 社会科学战线, 2011(7): 149-158.

[144] 微信红包塑造了社交金融游戏,背后是一套技术升级的过程 [EB/OL]. (2017-03-20)[2024-05-06]. https://www.sohu.com/a/129377291_116132.

[145] 赵淑兰. 从"微信红包"看互联网金融 [EB/OL]. (2014-02-07) [2024-05-06]. http://business.sohu.com/20140207/n394539900.shtml.

[146] 曹磊. 互联网 + 产业风口 [M]. 北京:机械工业出版社, 2015: 11.

[147] 伍聪. 第四次金融浪潮:互联网金融与中国国运 [M]. 北京:中国经济出版社, 2017: 157.

[148] 微信公布《2017 微信春节数据报告》除夕至初五红包收发量达 460 亿 个 [EB/OL]. (2017-02-03) [2024-05-06].https://tech.huanqiu.com/article/9CaKrnK0bOH.

[149] 2018 春节 7.68 亿人微信收发红包 一个人收到 3429 个 [EB/OL]. (018-02-22) [2024-05-06]. https://finance.sina.cn/2018-02-22/detail-ifyrvaxe8526609.d.html.

[150] 戈夫曼. 日常生活中的自我呈现 [M]. 黄爱华, 冯钢, 译. 杭州:浙江人民出版社, 1989: 4.

[151] 朱琛. 自我呈现的新涵义与影响因素:基于社交媒体用户自我呈现的文献考察 [J]. 新疆社科论坛, 2016(1): 99-105.

[152] 童慧. 微信的自我呈现与人际传播 [J]. 重庆社会科学, 2014(1): 102-110.

[153] 韩丛耀. 视觉传播研究刍议 [J]. 中国出版, 2010(20): 36-39.

[154] 麦克卢汉. 理解媒介 : 论人的延伸 : 增订评注本 [M]. 何道宽 , 译 . 南京 : 译林出版社 , 2011: 30.

[155] 周永明. 中国网络政治的历史考察 : 电报与清末时政 [M]. 尹松波 , 石琳 , 译 . 北京 : 商务印书馆 , 2013: 194.